永春花

永春花

永毫芝

【永春花】

張何幼文

永春花

4

故事的開始

　　「人無不老，花無不謝」，這是人們常說的兩句話；空軍眷屬何連郁文夫人，用鉤織和刺繡創作了一種永不凋謝的「永春花」；妊紫嫣紅栩栩如生，不因時間流失和季節變換有所改變。

　　她的作品在國內外各地展出多次，獲得無數觀眾喜愛和讚嘆；永春花不僅表現了我中華婦女獨特的精巧手工技藝，也開創了藝術另一新的境界。

　　民國七十六年六月，在舊金山華府；華僑文教服務中心三樓，筆者參觀了何連郁文夫人的「永春花」展。「永春花」三個字，予人一種美感，它本身富有濃厚的詩情畫意，含蓄而又引人入勝的花名，吸引觀眾想前往一探究竟；那天展出的花卉有四盆；但已製作完成的各類花卉相片，卻有三十多種，均屬難得一見的精粹花卉。

　　筆者參觀時，適遇旅美作家謝冰瑩教授同朱壽青女士來參觀，謝教授對筆者說：「我來參觀了三次，簽了三個名！」

　　參觀時何幼文女士介紹說：「家母在台，年老不便遠行，由我代為展出；這些花是家母在持家之餘，用絨線一針一針鉤織而成的假花，不是真花！」

　　大家俯身細看，用手撫摩，果然不是眞花。對這種巧奪天工，獨特的技藝，無不敬佩和讚嘆不已。據聞有一保險公司，願出高價收買全部永春花，但爲作者婉拒，要保留作品，供大家欣賞。

　　年高德劭的何連郁文夫人惜已作古，但她留下傑作「永春花」，由其長女張何幼文女士著「永春花傳」，將世代相傳，讓「永春花」永遠開放在人間。

空軍作家　張濤

西元二〇一〇年七月於美國舊金山

永春花

自序

恆久綻放的「永春花」

　　永春花是我母親何連郁文集畢生經驗與心血結晶的創作！

　　「永春花」是我父親何紫筠親自取的，顧名思義，是永遠綻放不會凋謝的春天花朵！

　　這本書試圖從我母親的生長環境開始描述：一位從小受到傳統女紅薰陶的千金大小姐，因為環境的關係，接觸到各種精緻的傳統藝術，培養出一雙巧手；在大時代的變遷中，飽經戰亂，顛沛流離，但卻一直保持著樂天向上的赤子之心，對大自然敏銳的觀察力，讓我的母親常常因為看到一些小花、蝴蝶的存在而興奮不已；忘卻了生活上的困難。

　　我想，永春花的誕生，不是偶然，是一連串生活體驗與愛情的結晶。

　　我想，如果不是母親早年被刻意培養各種女紅技藝；如果不是從小接觸到各種舊時代的傳統藝術；如果不是一直保持著善良的赤子之心的話，就不會有永春花在人間綻放光彩。

　　凡看過永春花展覽的人幾乎都異口同聲的說：

　　「太漂亮了！」

　　「很難想像用毛線也可以鉤織出如此逼真的花朵！」

　　「天啊！我本來以為是真花！」

　　「連花蕊作得像真花一樣！」

在美國展覽期間，謝冰瑩教授更給了永春花最大的肯定：「從來沒有一個展覽能吸引我連看三次的！永春花展覽是第一次！」教授一直不停告訴許多友人。

退休後我居住在美國加州奧克蘭市的一所老人公寓，看到門口一棵槐樹，勾起我無限的懷念。

從小我就對槐樹有一份特別的感情，因爲在西安對日抗戰物資困乏的時候，母親常用槐花和上麵粉，加入五香粉、麻油和鹽，用蒸籠蒸熟了給我們吃。那時，每當我幸福地吃著母親蒸熟噴香、好吃的槐花時，母親都會一邊看著我吃、一邊哼唱著家鄉的童謠：

「槐樹槐，槐樹底下搭戲臺，」

「接閨女，叫女婿，」

「小外孫子也要去，」

「一陣風，颳回去，」

「哇……散了戲。」

我當時疑惑問母親：「爲甚麼一陣風要把他們颳回去？」

「嗯…大概因爲那孩子不乖吧！」母親笑著回答。

「那我們去看姥姥的時候，會不會被風颳回去？」

「當然不會啦！姥姥看見這麼乖巧的外孫女一定很喜歡，高興都來不及了，一定會緊緊地抱著你，不讓風把你吹走！」

「那咱們什麼時候去看姥姥？」

「嗯……別急，總……有……那……麼……一……天。」

「媽，總有那麼一天？是那一天啊？」

「……」

這段與母親間的對話發生時間正逢抗日戰爭，我的姥姥住在北京。那時，北京是日本人佔領的淪陷區，我們住在西安，當時算是大後方。後來一直到姥姥去世，我也沒見過老人家。

我在中風前，有次與朋友走在一條街道上，聞得一陣一陣像似茉莉花而又比茉莉花更香、更好聞的香味，四下尋找，什麼花也沒看見，只看見街道兩旁有很多又高又大的樹，抬頭望去，看見樹上掛著一串一串淡淡紫色的小花。

「是這些好像紫藤的花這麼香嗎？」我忍不住問一旁的朋友。

「那不是紫藤花，是槐花啊！」朋友笑著回答。

「槐花會有這麼香嗎？」我不禁自言自語：「我小時候吃過媽媽蒸的槐花，怎麼不記得有甚麼花香味呢！？」

「是槐樹啦，絕對錯不了！不過這花能吃嗎？」朋友驚訝的問道。

「當然能吃啊！」我心不在焉地回答她的問題，但是滿腦子一個勁兒的想：

「槐花是香的嗎？香的花能吃嗎？」

「我怎麼都不記得！」回家路上開著汽車，腦子裡仍充滿了問號！心裡想：「如果媽在就好了!」

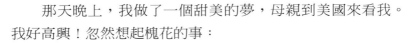

　　那天晚上，我做了一個甜美的夢，母親到美國來看我。我好高興！忽然想起槐花的事：

　　「媽，槐花香嗎？」

　　「當然香啊！」

　　「是嗎？可是我只記得您蒸的槐花，有麻油和五香粉的香味，卻不記得有甚麼花香味啊!?」

　　「傻孩子，你小時候吃的槐花都已經蒸熟了，那裡還會有花香味啊！」母親微笑著說。

　　醒來時，不見母親慈祥的笑容，卻發現淚水早已濕透了枕頭！那時，母親已經去世兩年了。

　　我開始下定決心，要利用教書之餘的時間，整理過去有關永春花的一些斷簡殘篇，去蕪存菁，編輯成冊，獻給在天上的慈母，也留給後代子孫一個美麗的記憶。

　　中風後失去一隻手的功能，我沒有辦法再將永春花整理出來，也沒有能力再舉辦展覽。我只有右手可以動，於是重新開始練習一指神功，將永春花的故事一個字一個字敲出來。每個敲在鍵盤上的字，彷彿都在細細呢喃著對母親的依戀與不捨。

　　我想：「也許可以利用這本書，使目前沈睡在倉庫裡的永春花，有一天會遇到伯樂，可以再度綻放光彩。」

張何幼文　2010秋

於美國奧克蘭市老人公寓

目錄
Contents

Contents

第一卷　永春花圃

　　爲了使讀者可以一睹永春花的美麗與藝術價值，本卷所有的照片都是永春花的相片，不過從1967年開始，時間久遠，可能有些當年展覽時拍攝的照片解析度不夠，看不清楚（因此看起來就像是眞花一樣）。但是，請不要懷疑，這些花全部都是用毛線鉤織出來的「假」花，這就是永春花的藝術創作（詳情請看第三卷〈永春花傳〉）。

　　中國傳統的女紅藝術在郁文的巧手上，不但發揮的淋漓盡致，更有突破傳統，創新文化視覺效果的震撼。

　　本書一共整理出精選三十七種不同的永春花造型：十種不同的蝴蝶胸飾；七種各式小花造型胸針以及最精緻、最珍貴，大小僅兩公分見方的小動物胸針。

　　有一些照片是早期將永春花放在戶外，用一般的花盆裝起來拍的照片，由於是用舊照片翻拍，有些效果不是很好，請多包涵。

　　不過，每次當永春花粉墨登場陳列在展覽館中時，除了沒有花香以外，在外觀上眞的都與眞花一模一樣。

　　請大家欣賞。

一. 鳶尾花

四十年前，郁文在台中省立圖書館舉辦第一次的「永春花」展時，吸引了許多人前來觀賞，展期一共九天，幾乎從沒冷場過，中央日報及華視都曾有記者來訪問，當時婦聯會也曾贈送郁文一座【巧奪天工】的獎牌。

鳶尾花

「鳶尾花」是郁文的本命花。

這段故事還是郁文告訴一位來參觀展覽的藝術家時，我們才知道的。

郁文記得小時候常聽母親說：「她是鴛尾花」。

她覺得很奇怪，為甚麼是鴛尾花，而不是玫瑰或牡丹呢？鴛尾花是一種在郁文老家庭院中，最普通的草花。甬路兩旁種了很多，每年都會開花，非常容易照顧。但是那些粉紅色的花朵遠不如玫瑰或牡丹那麼美艷。

後來郁文才知道為甚麼母親說她是鴛尾花。

郁文說：「我媽媽告訴我，在我出生的前一晚，夢見我

姥姥拿了兩朵花，要我媽媽挑：一朵牡丹、一朵鴛尾花。我媽媽想『牡丹太嬌不容易養，鴛尾花只要有泥土就能活，好養活，於是就選了鴛尾花。』沒想到第二天生了我這麼一個容易養活的醜丫頭！」

「姥姥在夢裡對我母親笑了笑，說：『好吧，牡丹就給妳嫂嫂吧！』」

醒來不久，郁文母親金氏就生了一個女兒。她嫂嫂也差不多時候生了一個女兒，可是那個孩子經常生病，不到三歲就夭折了。

郁文卻很少生病，除了出麻疹時在床上躺了幾天外，其他有點頭疼感冒的，連醫生也不用看就好了。

所以，郁文的母親常說：「幸好，她選對了」！

抗戰勝利後，郁文得知父親已經過世。她很想接母親過來同住，可是老人家執意不肯。

沒多久，大陸變色。來台灣以前，她就已經跟母親完全斷了音訊。人海茫茫，無處可尋，也說不一定母親早已經離開人間了。當年離家太匆促，長年東奔西跑，連一張母親的照片都沒有。郁文想：

「我要鉤一盆鴛尾花來紀念母親！」於是，她全憑自己的記憶，做成了一盆鴛尾花！

這鴛尾花的名稱還是在第一次永春花展覽時，被台中省立圖書館（現為國立台中圖書館）的一位職員看見後，才得以正名！因為當時郁文在給各種花標註花名時，註明是「鴛尾花」。

　　那位先生看見後，證實說應該是「鳶」尾花而不是
「鴛」尾花，還特別搬出書來加以證明。

二. 玫瑰花

「永春花始祖」玫瑰花

　　紫筠從空軍退休後，應聘往新竹工業技術研究所工作。那裡的宿舍環境非常幽雅，工作也比較輕鬆。孩子們都已自立了，所以夫妻倆的生活非常悠閒。

　　紫筠常利用工餘閒暇，蒔花弄草，自有另一番情趣！

　　郁文的身體一直都是弱不經風。她常想：

　　「如果有一天她先紫筠而去，應該給他留些永恆的東西。紫筠喜愛花草，但花草終會枯萎，如果能有一種永遠不會凋謝的花朵，那該多好！」

玫瑰花

　　於是，她開始研究，怎樣才能做出永遠盛開的花朵來。

　　她試過很多不同的方法，刺繡是平面的，缺少立體感；緞帶花，時日一久會沾上塵埃，並且褪色後，跟凋謝的花朵沒甚麼不同！

　　郁文喜歡用細絨線鉤窗簾、床罩，因為細絨線質料柔軟厚實，色彩豐富，可任由她隨意選擇搭配。

　　她發現掛在窗口的窗簾，雖然時常清洗，但是顏色總是那麼鮮豔，使她想起何不試一試用細絨線做材料，鉤一些花呢！於是買了一系列的紅色絨線，每天紫筠上班後，郁文就一個人在家開始研究。

　　她想鉤玫瑰，因為那可以代表愛情！

　　一開始時她所鉤出來的花，一點也不像她理想中的玫瑰，簡直就像一團棉絮花！

　　經過無數次失敗後，第一朵愛情之花「玫瑰」，終於誕生了。

玫瑰花

1967年春天，一天紫筠下班回來，從玄關看見飯桌上有一個小花瓶，裡面插著一朵紅玫瑰，高興的說：

「伙計啊！今天是甚麼日子啊？咱們的結婚紀念日早就過了！」

郁文微笑的說：「你先過來看看。」

紫筠在想：「莫非那是一隻古董花瓶？」

玫瑰花

他走過去拿起花瓶，正待仔細觀看時，突發現這朵玫瑰花有點奇怪！再仔細一看，原來是假的，是用絨線做的！

他忍不住叫起來：「嘿！伙計啊，這是那裡來的，手工還真巧呢！」

郁文笑著說：「是我鉤的！」

「啊？好！真好！」紫筠連連地說，不住地翻來覆去的觀看。

郁文在紫筠的鼓勵下，第二朵、第三朵，越來越逼真的花朵誕生了！再加上了花萼和花梗，玫瑰花有了生命。

第一束玫瑰終於成功了！

郁文自始至終一直沒有對紫筠說過她鉤玫瑰的動機，因為她不願讓紫筠擔心。

三. 百合、玫瑰與康乃馨

這是一盆愛的組合：玫瑰和康乃馨代表人間的愛情，百合花是復活節的代表花，提醒世人基督由誕生、受難到復活，成就了祂對世人的愛。

郁文晚年受洗成爲天主教徒以後，雖然不是常常進教堂，但對天主的敬與愛深植心中，早年就囑咐子女，自己人生的最後一樁大事，一定要在教堂舉行。

也許，這盆花正是何老太太天人合一理想的代表。

百合、玫瑰與康乃馨

四. 牡丹

「牡丹雖好，全仗綠葉扶持」

這是郁文一貫的人生觀之一。

也是她鈎織牡丹的動機。

她要用這盆花，道出自己教訓子孫做人處世的道理：「告訴我們，人不可驕傲，再能幹，也絕非全能，一定有需他山之石的時候，所以應當謙和，尊重他人，更不可因人的職務高下，或貧賤富貴而有所區別。」

牡丹

牡丹

五. 金蓮花

有一次，郁文看到一張金蓮花的圖片，被那纖細、看起來會迎風搖曳的藤枝、荷葉般的葉片、顏色豔麗的花朵所著迷。

尤其特別的是每朵花背後都拖著一個小尾巴。

花的每一部分都像一首詩，實在美！

金蓮花

郁文想把圖片立體化，讓它們更生動的展現在人的眼前。她找到一些硬度適合的銅線做枝條，又買了些適合花色的細絨線，按照那張圖片的結構開始鉤織。每一片花瓣內必須加撐極細的銅絲，才能顯露出花朵的嬌媚，使那拖著的小尾巴更讓人憐愛！

為了做得逼真，扔了不知多少覺得不滿意的瑕疵品！

用了將近兩個月的時間，才完成了幾朵覺得稍微像樣的金蓮花。

這盆花被幾位鄰居看了以後，不知如何傳揚出去，在當年台中市唯一的百貨公司開幕典禮時，被借去放在一個櫥窗內做裝飾品。

金蓮花

　　櫥窗內的冷氣孔，不斷地吹出陣陣微風，使得那些纖
細的枝條，迎風微微搖曳，牽引得每一朵花和每一片葉子都
在輕輕地顫巍著。新開幕的百貨公司內，每個人都是匆匆忙
忙，對一個沒有貨品，只放了一盆花的櫥窗，多半都是瞄一
眼而過，都以為那不過是一盆好看的盆景而已。

　　最後，一位愛花的客人注意到了。

　　因為金蓮花在台灣很罕見，於是佇足細觀，才發現竟然
是一盆完全用手工製作的假花。他願意以高價購買。管理人
跑來找郁文商議，這可把老太太嚇壞了，趕快把花收回來，
並聲明為非賣品！

六. 小園花亂飛

要欣賞這捧花，應該從最中間的那朵紅玫瑰著手。

那紅玫瑰是郁文最早鉤織的那一朵愛情之花，也應該算是以後所有永春花的始祖。

郁文常告訴學生：

「永春花變化萬千，重意不重形，千變萬化不離玫瑰的鉤法，學會如何鉤好一朵玫瑰，就算畢業了。」

「小園花亂飛」景中沒有第二朵紅色的玫瑰，說明愛情的專一。也似乎告訴何紫筠老先生，他當年是郁文最初的，也是唯一愛慕者。

兩朵粉紅色的玫瑰象徵著夫妻感情的諧和。

黃玫瑰代表尊貴，愛情是神聖、專一的；誓言是神聖的、不容竄改與褻瀆，因此只有一朵。

百合花代表愛情的堅貞，而且是兩朵！

左邊福蘭象徵著富貴，也隱然存有「妻以夫貴」的含意！其他的小花象徵著「子孫繞膝」！

在所有永春花中，紫筠最珍愛這組花，還親自命名，也許是因為這些花的含意太深，取了「亂中有序」的原理，命為「小園花亂飛」！

小園花亂飛

七. 杜鵑花

　　這就是郁文在新竹科學研究所員工宿舍散步時，不小心做了偷花的雅賊之後，回家開始努力鉤織到忘了做晚餐的傑作！（真實故事詳見第三卷〈永春花傳〉第十二章「永春花開」。）

　　從杜鵑花之後，「永春花」有了正式名字，郁文也開始不斷的創作！

杜鵑花

八． 吊金鐘花

郁文鉤織永春花的動機純是為了紫筠。

可是，沒想到紫筠中風後，在一九八五年辭世。

郁文的支柱倒塌了，不再有心情鉤織新作品了。所有的永春花，全都壓在一起，裝箱置之高閣。

有一天，大媳婦興致勃勃地告訴郁文說，那天早上她去買菜，經過一家花店時，因為花店的老闆也曾去看過郁文的永春花展，便請她進去看他新進口的吊金鐘花，並且詢問她的婆婆有沒有興趣鉤一盆？

郁文實在提不起興趣來。但媳婦就像完全沒注意她的反應似的，自說自話：

「我真的沒見過那麼奇怪又好看的花！」大媳婦彷彿陶醉在欣賞一個藝術傑作裡一樣，繼續說道：

「那盆全開的吊金鐘花，花萼都朝上翻著。他那裡還有螃蟹蘭，葉子真像螃蟹爪子似的，一串一串的，花就長在頂端。大概吊金鐘花跟螃蟹蘭的花，都太重了，所以把花枝拉得都往下垂著，真的很特別！」

經媳婦這麼一形容，倒真引起了郁文的好奇心。

於是，她對媳婦說：

「好吧！那妳就推著輪椅帶我去看看。」

郁文終於把在抽屜裡擱置了很久的鉤針，拿了出來。吊

金鐘花是重新拾起鉤針的第一件作品。

　蟹爪蘭是第二盆。以後又陸續產生了不少創新作品。

吊金鐘花

九. 蟹爪蘭

蟹爪蘭（schlumbergeras）──美國人一般都把蟹爪蘭稱爲
Christmas cactus，因爲它們通常是在聖誕節前後開花。

蟹爪蘭

十. 蓮花

郁文在鉤織這盆蓮花時，費了相當的心思和時間。

從這盆花上，我們可以看見花莛上爬著一隻小甲蟲，兩隻青蛙正虎視眈眈地注視著它。

小甲蟲似乎毫不在意，因為上天賜給它一對翅膀。彷彿它可以隨時展翅飛翔，嘲笑青蛙的無知。但是爾虞我詐的兩隻青蛙，虎伺耽耽，一隻已經慢慢地張開了嘴巴，就要伸出舌頭去鉤住甲蟲……

蓮花

一隻蜻蜓正悠閒自在的歇息在荷花的花蕾上，一派與世無爭的享受著陽光的滋潤！彷彿親吻著清香的花，就可以完全不在意腳底下即將發生的生命爭奪戰……

整盆花的結構，是那麼的高雅脫俗，純樸，自然，但又充滿了想像空間，沒有一點匠氣的表現，每一次展覽都是所有目光的焦點。

雖然勾針和毛線，不如畫筆和顏料那麼可以隨心所欲，更不像潑墨，大筆墨水，畫出大片的荷葉。

但郁文蘭質蕙心的用勾針和細細的絨線，一針一針地鉤
出大如實物而又挺拔的荷葉，並且不只一片，才能襯托出蓮
花的美麗，確實煞費功夫！

蓮花

十一. 萬玳蘭

　　自從上次杜鵑花的「偷
花」事件以後，郁文改用相片爲
樣本。她四處蒐集了不少各種花
卉的照片，鄰居們也都非熱心，
提供了郁文不少可以鉤花的資
料。

　　有一次，鄰居給郁文　本
「今日美國」月刊。其中一篇報
導是關於美國某花展中，脫穎而
出的一盆「萬玳蘭」奪得魁首的
消息，書中並刊有「萬玳蘭」的
照片。

萬玳蘭

　　郁文如獲珍寶，仔細地研究那張照片後，她發現有些瓶
頸須待突破：

　　「那小小的花片，必須稍向上凸出、獨特的花蕊、花瓣
上的小點等等……」

　　「尤其是花蕊和那些凸起的花瓣，要好好研究研究。」

　　經過了不少次的失敗，郁文終於鉤成了一盆永遠盛開的
萬玳蘭！後來在各次永春花展時，贏得了不少讚美！

十二. 梅花

　　梅花象徵著郁文的個性，越冷她越開花，有土地就有她！

　　她從金枝玉葉，公主般的生活，到一無所有窮困的境界，卻能安之若頤，非但絲毫未損反而更為堅強，在任何環境下她都能開出燦爛的花朵。

　　1972年，欣逢先總統蔣公八致晉五華誕，郁文特別做了一盆百梅獻瑞，送給當年的 蔣總統，恭祝老人家長命百歲。

梅花

十三. 櫻花

有一年春天，郁文和紫筠到陽明山去賞櫻花，雖然山路並不難行，紫筠仍唯恐郁文跌倒，小心翼翼地摻扶著老伴。

櫻花樹下漫步的老夫婦，伉儷情深的邊走邊聊，那是一幅多美的畫面啊！

要顯露出櫻花的美麗與嬌豔，用細絨線纏繞樹枝的時候，必須非常仔細，否則，會顯得不自然。花蕊本已極為細小，而每根花蕊上都必須有一個小黃點，這樣才能讓鮮豔的花看起來充滿陽光與精神。

櫻花

由於郁文在鉤織永春花時，花了非常多心血臨摹實體的樣子。因此，不只是近觀外型像眞花，事實上十步以上的距離看起來，幾乎可以亂眞。

難怪當初展覽時，聽見有觀眾說：

「永春花可以用來做教材，教導學生有關花的知識！」

十四. 菊花

粉菊花鉤織時應留意花瓣尖不可加針過多,若過平或過凹均不宜。

這一盆淺色菊花,花展時獲得不少參觀者的喝采!他們驚嘆於每一片花瓣的纖細柔軟,大小不同的花瓣不下百片,在組合完成後能顯得如此完美逼真,實在不是一件簡單的事,若非對花有入微的觀察和出神入化技巧,所組合起來的花會像是一堆爛棉花,讓人不忍目睹!

菊花

十五. 蜘蛛菊

在所有永春花的組合工夫上，蜘蛛菊最難。長長短短的花瓣近兩百片，每瓣必須用最細的銅絲支撐，不但層次必須分明，更要注意花蒂均勻而不臃腫。

蜘蛛菊

十六. 三色菫

　　郁文聽說台北新開了一個「榮星花園」，
裡面有許多奇特的花卉，專程從新竹坐火車到台
北來找尋花的創意。花團錦簇的花園中，郁文意
外發現了嬌小秀麗的三色菫，鮮豔華麗但又不失
小巧可愛的花朵，深深吸引住郁文的目光。

　　回到家中，憑藉記憶和精湛的手藝，美麗
的三色菫就在郁文的巧手慧思下，在永春花園裡
誕生，成長而永不凋謝！

三色菫

十七. 蝴蝶蘭

蝴蝶蘭花瓣鉤織稍爲簡易，不過主要的花唇一定要注意運線的鬆緊，如果太緊，會顯的緊繃呆板，若過份鬆懈的話，看起來將會鬆散而不挺拔。

蝴蝶蘭

十八. 鬱金香

　　鬱金香造型優美典雅，十分討好，鉤織組合不難，但必須多葉才能襯襯托出花的美豔。

鬱金香

十九. 水仙花

　　這種中國白水仙花，味清香，神態飄逸。

　　郁文鉤的水仙，雖不能發出清香，但飄逸的神韻完全表露無遺，尤其是根部，更是維妙維肖，展覽時常囑咐孩子們，一定要把根部顯露出來。只是很遺憾，因為花梗是用鐵絲做的，浸水後會生鏽，否則，若在盆中注上清水，就更逼真了。

水仙花

二十．百合萬年青

筆者早年徵得母親郁文的同意，為這盆瓶插命名為「玉潔冰清」。因為挺拔的萬年青襯托得百合花更皎潔，加上一朵朵小紅花，使整個組合顯得格外高貴雅致，堪稱「玉潔冰清」！

「玉潔冰清，身如雪瑩，完全美麗非常光明。
萬年青翠，百合花香，雅緻脫俗非比尋常。」

百合萬年青

二十一. 石斛蘭

1974年準備在當年的台中省立圖書館想為永春花舉辦一次大規模的展覽時，筆者就是拿粉紅色石斛蘭和幾張其他的永春花照片，到該館辦公室毛遂自薦。

當時母親的作品非書非畫，更非傳統的十字繡或是大陸的湘繡等一般人熟悉的藝術創作。是否會被接納展出，完全沒有一點把握，所以希望展出的計畫，並沒讓母親知道，因為若是遭到拒絕，也不會讓母親精神上受到打擊。沒想到館方負責展覽的人看了照片之後不但同意可以展出，而且還是一個長達九天的個人展！

石斛蘭

石斛蘭

　　粉紅色的石斛，就是當初被拍照送去台中省立圖書館的那一棵，黃色的石斛是後來鉤的。

　　這種植在蛇木板上的蘭花，除了這兩棵石斛外，還有一棵紫色的西洋蘭，花雖不多，卻顯得比石斛更嬌豔，無論是花或葉的造型都不同於石斛。

石斛蘭

二十二. 西洋蘭

西洋蘭

二十三. 瓜葉菊

瓜葉菊的花及花萼鉤織及組合，都不困難，唯葉的部分比較費功夫，鉤時要注意手勁。

瓜葉菊

瓜葉菊

二十四. 海棠花

　　海棠花如果花萼或花蕾做的不像，就會變成四不像，郁文作每一盆花都是用盡心力，做到十全十美。每次花展，都有人說：「永春花跟眞的花一樣」！

海棠花

二十五. 牽牛花

　　聽說以前真正野生牽牛花，只在早上綻放幾小時後，就香消玉殞了，而郁文的牽牛花，時時豔麗，永不凋謝。

牽牛花

二十六. 劍蘭

台南花展時，郁文送了這樣相似的瓶插，給當時排除公
務繁忙，專程來參觀的蘇南成市長，以表示敬愛之意。

劍蘭

二十七. 繡球花

　　繡球花簡單易鉤，但要讓每一朵花都平展，要把它們組合成球狀，是需要一番審慎的推敲！

繡球花

二十八. 迎春花

　　迎春花在大陸北方，處處可見，台灣亞熱帶
地區，可能只有山區才可見到。

　　郁文鈞織迎春花不知不覺中想起故鄉的家
園。

二十九、蝶戀花

蝶戀花

三十、聖誕紅

　　聖誕紅最重要的在於花瓣的組合，並且花蕊也相當複雜。郁文是把鮮花擺在眼前，完全比著鉤出來，再組合起來的，所以看起來跟真花完全一樣。

聖誕紅

三十一. 大麗花

　　大麗花又名天竺牡丹，花瓣雖不同菊花，但也大小層次繁多，組合時要注意，否則花蒂會臃腫難看。

大麗花

三十二、孤挺花

第二次在國立台中圖書館展覽時，郁文拿著這枝孤梃花去會場，乘坐計程車時，司機以為那是鮮花，隨口問郁文：「太太要去圖書館插花啊？」郁文笑著說：「這是假花，不是插花用的。」司機不相信，當郁文臨下車前，他刻意回頭看清楚，不禁失聲叫道：「哇！真的是假花呀！怎麼那麼像？」

孤梃花

三十三、中國蘭

中國蘭

三十四、洋蘭

洋蘭

三十五、火星蘭

火星蘭

三十六. 福蘭

福蘭

三十七. 玫瑰滿天星

　　永春花在美國第一次與華僑及外籍人士見面時，獲得旅居金山華府的著名作家謝冰瑩教授的垂愛，她老人家三次光臨會場的盛情，讓郁文深受感動，特別囑咐筆者送一組類似的瓶插，給謝教授，已表景仰愛慕之情．

玫瑰滿天星

第二卷　鉤織藝術

　　郁文除了埋首鉤織各種不同的永春花之外，為了使盆栽生動，開始研究如何將漂亮的蝴蝶也放入畫裡。

　　郁文發展出的蝴蝶鉤織大概有兩個階段：第一個階段是用一般的毛線鉤出各種不同花樣、紋路的蝴蝶。後來，郁文發現有些蝴蝶的顏色不是用普通毛線就可以表現出來，她開始研究用金線和銀線穿插在普通的毛線中，這種突破的手法將蝴蝶炫麗的翅膀表現得活靈活現，看過得人沒有不豎起大拇指頭。

　　郁文老年，獲得上天特殊的恩寵，還可以不戴老花眼鏡將線穿過針孔，後來又做了一系列小飾品如小狗、小猴子、小兔子等，大小都不超過兩公分見方（約新台幣十元硬幣大小），但是看起來卻像真的一樣。老太太當年展覽時心情好，加上又慷慨成性，許多精心鉤織的小飾品寧可送人也不賣。可惜目前只剩下幾隻保存在台中老家裡。

　　胸花是郁文另外一個系列的創作。

　　郁文根據已經做好的各種永春花，將花按比例縮小，可以別在祺袍或是外套上當作裝飾，原本作了許多，都送人了。現在只剩下幾個，想想看，當初沒有經過有系統地好好保存永春花系列創作，是我們的疏忽，也是文化藝術上的損失。

　　希望透過這本書，將有關於永春花的方法公布於世，希望有心於鉤織藝術的人可以藉此斷簡殘篇再創永春花的春天。

一、蝴蝶篇

　　永春花在台灣被一位外銷商人發現後，認為這是開發外銷的新出路。他拜訪過郁文後，發現永春花無法大批製作，因為如同畫家的圖畫一樣，每一張都是獨特的作品。

　　但是他發現郁文創作的蝴蝶，可以用分工合作的方式，大量生產。例如，上翅、下翅、蝶身、組合等等，分別由不同小組負責，只要按照圖解鉤製，大小、尺寸、及色彩等等，再統一整理後，即可完成一隻隻美麗的蝴蝶。

　　郁文身為軍眷，深知軍人待遇菲薄。當時有不少軍眷在家中利用休息時間，到外銷公司拿些需要加工的東西回家來做，為家中增加些菜錢。所以，當那位外銷商向郁文提出此建議，她立刻就答應了。

　　議定由外銷商提供材料，郁文負責招募人工及技術指導。消息一傳出去後，立刻得到不少軍眷的響應。一方面因為工資不錯，材料及工具又不會佔用太多空間。並且因為分工合作，使工作變的很簡單，輕鬆。那位外銷商同情軍眷苦衷，從來沒遲發工資。不久，就陸陸續續有成品完成。外銷商非常滿意，印了一些傳單散發處去，就等著訂單一到，立刻把蝴蝶運出。

　　不幸此外銷商因某種原因，受友人所累，把所有的積蓄全部賠了進去。但是他並沒白用軍眷的人工。雖然一隻蝴蝶都沒有賣出去，他仍付清了每一個人的工資。

　　郁文一直非常感激那位誠信的外銷商。那些參加鉤織的
軍眷得知停工消息後，都非常惋惜！

　　以下展覽出幾種不同蝴蝶，請大家欣賞：

蝴蝶—01　　　　　　　　蝴蝶—02

蝴蝶—03　　　　　　　　蝴蝶—04

蝴蝶—05

蝴蝶—06

蝴蝶—07

蝴蝶—08

蝴蝶—09

蝴蝶—10

　　前頁這隻蝴蝶是作者中風前照本書後面所附鉤織方法所鉤的。關於色彩方面，可以按照個人喜好，隨意搭配。把翅膀和蝶身組合完成後，必須另加線條，才能使之更加美麗！

　　如果能勾出第一隻蝴蝶，照郁文的心法：

　　「永春花重意不重形！」

　　就能鉤出現各種各樣美麗的蝴蝶！

　　願世界上，隨時隨地都能飛舞著賞心悅目的蝴蝶，給人間帶來歡樂！

二、胸花篇

胸花—1石斛

胸花—2石斛

胸花—3

胸花—4

胸花一5

胸花一6

胸花一7

三、繡花鞋

　　郁文用小珠子和亮片，做了很多雙這樣的繡花鞋：有花卉圖案的也有蝴蝶圖案的。

　　原本希望送給有緣的喜愛者，可惜數量有限，受惠者寥寥無幾。

　　除了大人穿的繡花鞋以外，郁文也鉤了許多給（外）孫子、（外）孫女穿的小絨鞋，有各式動物造型，可惜隨著小孩長大沒能留下一兩雙足以流傳後世的手工鞋，現僅剩幾幅照片——有小豬、兔子、獅子與老虎造型的童鞋，請欣賞。

繡花鞋

小絨鞋

小飾品

四、小飾品

　　在郁文所有鉤織作品中，最精緻細膩的要屬小狗和小猴子頭型設計的胸針，在毛線上精雕細琢的鉤織技巧，已經可以用神乎其技來形容。每個小動物頭型胸針體積都不超過兩公分大小，不但耳、鼻、口、目俱全，小猴子的頭上還帶著一頂小運動帽；狗的鬃毛也清清楚楚的分理出來，任誰見了都會愛不釋手。

　　第一次永春花在台中展出時，郁文鉤織了不少，全部別在一張綠色的布單上，掛在會場的牆壁上。當時會場中所有的展出品，除了那些胸針外，全都是非賣品，沒料到一下子就被搶購一空。

　　後來，郁文又鉤成對的猴和狗頭，每個大約僅一公分見方，因為太小所以共同放在一隻別針上，顯得更為精細可愛。

　　有一天，郁文對長媳說：「要鉤好這些小東西實在太費眼神，以後我不打算再鉤了，我這裡還有這三對小猴子小狗，你在這其中挑一對吧，給妳做紀念。」

　　那天長媳正在整理郁文的房間，雙手染有灰塵，她怕把婆婆精心鉤的手工弄髒了，所以趕快說：「好呀！不過現在我手太髒，您先收著，等會兒收拾完了，我把手洗洗再來挑。」後來她又忙著做飯，大家都把這件事給忘了。

　　這次筆者為了希望把母親的手工，盡數放入永春花書

中，想起了母親鉤的小猴子、小狗頭的胸針，也許它們可以給別人帶來一些靈感。

如果讀者有人可以用粗毛線，鉤出與眾不同的精美手提包的話，說不一定會有人像郁文一樣，可以因此激發出靈感，鉤出一些精美的胸針來。筆者曾有過一隻小猴子頭造型的胸針，離開台灣時，不知放到哪裡？懊惱之餘，打電話回去問弟妹，家中還會不會找得到？

大家都在幫忙掘寶，可是屋中各處全翻遍，也一無所獲。正當筆者準備放棄之際，突然收到姪兒（母親郁文長孫）的電子郵件：

「半小時前，我在清掃客廳玻璃櫃灰塵的時候；意外的發現一只烏龜造型細竹編織的置物盒。更棒的是，盒內有一個小小塑膠袋，裡面包裝的是奶奶以前的『動物胸針作品』」。

「胸針清點有單隻8件，雙併3件，總數為11件；我以最快的速度，向您告知這則好消息！～」

原來大家都在那玻璃櫃裡翻了很久，但誰也沒留意那隻不起眼的小烏龜竹藍，卻被郁文的長孫何正剛找到寶藏了！也許冥冥中，郁文早有安排，她有意想知道在她的兒孫當中，究竟誰會像自己一樣喜歡精細的手工藝品！因為那支烏龜竹藍，是用極細的竹絲編織而成．

長孫的雙手確實很巧，能做出各式各樣精巧的小戰車、小飛機的模型，這個造型可愛的小竹藍，自然會抓住他的注意。

　　小竹藍這裡面所裝的，正是大家翻遍整個屋子都沒找到的寶藏！這也是世界上唯一僅存的11件寶貝了。

　　當編者準備為這些寶貝攝影時，意外發現在閃光燈底下，每個小動物的眼睛都會閃閃發光！莫非老人家還藏了一些意外的驚喜等我們後代子孫去發掘？

　　當我們仔細拿起小動物端詳時才驀然發現，原來每個小動物的眼睛不只是用毛線鉤出來，還用刺繡的方式，將最有精神的瞳孔以絲線繡出來。在一般燈光下，因為造型已經非常很細小，根本很難發現。這次若非用閃光燈可能還無法參透老人家當年的蕙心巧手。

　　算算時間，這十一件寶貝至今也有三十多年了。放在手中觀賞依然感覺到小東西的生命力。我們後代子孫沒有人能繼承老人家的技藝，真的不願意看到這份絕學從此消失，希望透過這本書讓有心於民俗手工藝創作發展的人，多一份靈感，多一個創新發展的參考藍本。

　　為便於比較實際大小，編者用美金quarter dollar（比新台幣五元硬幣稍大一點）；cent（約等於新台幣一元大小）；dime（比新台幣一元還小）當作對照。請大家欣賞。

小飾品

小飾品　　　　　小飾品

小飾品　　　　　小飾品

小飾品

小飾品　　　　　　　小飾品

小飾品

小飾品

第三卷 永春花傳

一、人物介紹

本書爲表示對先人的尊敬，所有人名均爲眞實姓名：

連仲三：前清蒙古親王後裔，日本帝國大學畢業。是一位受過西方教育薰陶的科學家，民國初年協助北洋政府建立現代化兵工廠。與滿清遺族金氏成親，育有一女連郁文；二子，連振東（非台灣人熟悉的連振東先生），連復興。

連夫人：（原姓：愛新覺羅，民國後改姓：金），爲前清朝正黃旗格格。郁文的母親。

何鶴坪：（郁文的公公）字嘉昂，河南汲縣人，曾任河南開封高級農校校長。擅長口書，以嘴叼著毛筆書寫各種眞草隸篆字體，字形大者超過一尺，小至半寸。據說開封博物有收藏相關作品。

金易方：（郁文的婆婆；何鶴坪之妻），是一位傳統的中國婦女，備受家人及鄉里的敬愛。

王媽：從小看顧郁文長大的奶媽。

紫筠：（何鶴坪的長子，郁文的先生），熱愛數理，因爲興趣認識連仲三，進而追求其掌上明珠。

郁文：從小喜歡刺繡女紅，晚年開始創作永春花。

小文：本書作者張何幼文女士，紫筠與郁文長女。在家裡父母喚作「小文」。

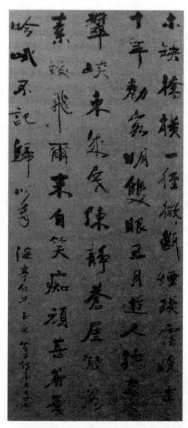

何鶴坪書法

資料來源：2009浙江人民出版社《中國近代書法家辭典》

二、洗衣婦人

「二八的俏佳人懶梳妝，

崔鶯鶯得了這麼點病，躺在牙床。

躺在了床上她是半斜半臥；

您說這位姑娘，

乜呆呆、悶憂憂、茶不思、飯不想；

孤孤單單、冷冷清清、困困勞勞、淒淒涼涼；

獨自一個人悶坐香閨，低頭不語，默默無言。

腰兒瘦損，乜斜著她的杏眼，手兒托著她的腮梆……」

　　紫筠出門後，郁文一邊收拾碗筷、一邊不自覺的哼唱起一段以前在北京老家學過的京韻大鼓：「大西廂記」。

　　隨者曲調起伏，郁文的思緒不知不覺地回到少女時代，在北京的老家……

　　剛過了立春，那是一個春寒料峭的早上。

　　郁文筆直地站在大堂屋內低頭不語，太師椅上坐著她一向懼怕的母親。

　　「我說：『不行』。妳聽懂了吧！」母親用嘶喊的聲音地繼續大聲罵道：

「一個名門閨秀，千金小姐，那裡有人自甘墮落去學戲子唱大鼓的！那是市井小民混飯吃的把戲。妳這樣大刺刺地跑去學，我的臉往那兒擺？妳要我們那些親戚們怎樣看待妳這個孩子？我將來還怎麼去給妳找婆家？」

「再說一次：『不‧准‧去‧學』。」母親怒氣未消地大聲說道：「王媽，帶小姐回房，沒有我的同意，不准出去。」

王媽唯唯諾諾的牽著敢怒不敢言的郁文往屋外走，一邊輕輕的說：「大小姐，咱們回房吧，不要讓我為難。」

郁文還想解釋，但是回頭看到母親氣到脹紅的臉，又看看王媽眼裡噙著淚水，用幾乎是懇求的眼神拉著自己的手。郁文不忍王媽受到牽連，不發一語地跟著王媽走回房去。

「不准去就不去嘛！」郁文一邊兒走、一邊兒在心頭嘀咕著：「我不懂，學戲曲和自甘墮落有什麼關係？跟面子又有什麼關係？作什麼生這麼大的氣兒？有甚麼好擔心的？」

晚上連老爺子回家，聽到下人們說夫人在跟小姐鬧彆扭，老爺子不去問候夫人，反倒直接走進女兒的房間：

「我說女兒啊，妳又在搞革命，惹妳母親生氣啦？」

「我沒有！」郁文急著辯解：

「我只是跟母親說，我想去學京韻大鼓裡面的那一段大西廂記。沒想到，母親就生了好大的氣，還把我數落了半天。」

說著說著，自覺委屈的郁文不禁掉下眼淚：

「爹，我不管啦！」

「您要幫我想辦法，我眞的想去學！」

「大西廂？那不就是描寫崔鶯鶯和張君瑞的那段愛情故事嗎？我聽過，那個曲調是挺好聽的！不過…………」聰明的連老先生已經猜到爲什麼夫人不讓女兒去學的原因了，但在這個節籤眼只恐怕越描越黑，乾脆換個話題：

「對了，妳給爸爸繡的煙絲荷包快完工了吧？」

「是差不多了，但是今兒給母親搶白了一陣，現在，我甚麼都不想做了。」

連老爺子最疼這個掌上明珠：一方面因爲郁文繼承了老爺子本身大漠子女的灑脫個性；二方面又繼承了夫人的傳統旗人細膩心思；再加上近幾年來夫人刻意培養的傳統漢人精緻女紅手藝。這個女兒對老爺子來說眞是個無價之寶，可以說是：

「揣在懷裡怕悶著了；捧在手心又怕融化了。」

一向以來，只要是郁文開口，沒有老爺子不答應的。女兒的巧手與一些慧心獨具的刺繡和鉤織品，一直都是老爺子的最愛，隨身總是帶著一、兩件郁文刺繡的手絹或是容臭（香包）之類的精緻手工製品在身上。

老先生喜歡抽煙斗，用的是當時最好的英國煙絲，心想如果再搭配上女兒繡的荷包裝煙絲，在親友面前往煙斗裝煙絲的時候，便可以个著痕跡地炫耀一番！現在聽女兒說要罷工，老爺子立刻投降。

「說吧，妳想怎麼學？」

「我……想……可不可以請一位女的京韻大鼓演員到家

裡來教我唱大西廂記？」郁文慧點的說著自認爲兩全其美的
方法：

「這樣偷偷在家裡學，不出門兒，也就不會有親戚看
見，不會丟母親的臉。您說這個法子好不好？」

連老爺子用手摸著鬍鬚：

「偷偷在家裡學，虧妳想得出來！那要不要讓妳母親知
道呢？」

郁文忍俊不住開始放懷大笑，因爲她知道這會兒父親已
經答應了。

第二天下午，連府來了一位美麗的京韻大鼓演員到家中
「偷偷地」教郁文唱大西廂記。個性純眞又爽朗的郁文與美
麗的老師很快就打成一片，郁文除了學會了大西廂記的唱腔
以外，也從這位老師身上學到許多傳統民俗技藝的掌故。

後來郁文才知道這位老師可大有來頭，她叫張翠鳳，是
當時京韻大鼓一代鼓王劉寶全的嫡傳女弟子。可能是因爲有
這層淵源，雖然母親知道後少不了再數落郁文一頓，但有一
代宗師的嫡傳女弟子來家中教授，倒也勉強可以接受。

「喵……喵……喵……喵……」

一隻餓壞了的花斑野貓在門口，叫聲將郁文從記憶中拉
回現實生活。

「哇……」

　　突然眼前一片模糊，斗大的淚珠不聽使喚一個接著一個地奪眶而出，落在手上，郁文倔強地抬起頭來，想忍住不爭氣的淚水，可是氾濫的河堤不是說停就停得下來的，郁文小小的單眼皮哪裡裝得下這麼多淚水！眼淚不斷湧出，順著臉頰往下，流過嘴角兩側，從下巴滑落，一滴一滴的淚水打濕了衣衫。

　　郁文不服輸地再次將眼淚擦去。抬起頭，紅著雙眼凝視著窗外：

　　「接下來該怎麼辦？」

　　郁文問著自己也不知道答案的問題……

　　這天早上，紫筠天剛亮就起身，喝了一碗郁文煮的稀飯，就穿上草鞋出去找工作了。其實說是稀飯，倒不如說是米湯比較貼切，紫筠倒也從來不挑剔，郁文準備什麼，他就吃什麼。在困苦的日子裡，每天都還有東西吃，已經是很幸福的事了。

　　紫筠和郁文剛逃難到四川，這裡人生地不熟，要找工作，談何容易！

　　公家機關都在節省開支；學校因為空襲警報，編制也因此從一個年級一班變成為兩、三個年級一班，老師的人數也自然減少；日子一天一天過去，這位多才多藝的年輕科學家，不知道已經碰了多少釘子；一雙腳被草鞋磨出來許多水泡，水泡破了、乾了，變成厚厚的繭。現在已經麻木，沒感覺了。

　　身為家裡唯一的經濟來源，紫筠不停提醒自己：「一定要找到工作，不論是任何事情，那怕是作個挑水肥的工人都可以；只要有收入，就有希望。想當初郁文為了跟著自己，放棄榮華富貴，結果吃了那麼多的苦，兩個孩子又小……」

　　「走吧！也許今天運氣好一點，也許有個臨時工機會！」

　　「昨天看到有新的單位般進城裡，也許他們需要一個臨時的文書！」

　　「昨天路上看到的那個人聽說是省城的國小校長，我應該去找他毛遂自薦，我可以教數學、國文……」

　　「我應該去人力車伕休息的地方，他們的消息最多。」

　　「走吧！去碰碰看，說不定今天會有好運氣。」

　　紫筠一邊想一邊拍掉衣服上的灰塵，好像希望順便拍掉霉運，今天會更好。抬起頭來漫無目標地往市區走去。

　　戰亂時期，時局動盪，人心不穩，因為現實的生活壓力，不得已拋妻棄子或是賣孩子的故事多到說也說不完。但是紫筠這位新時代的青年卻不一樣，他將從河南老家帶出來的錢全部交給郁文處理。紫筠深深覺得，從小嬌生慣養的郁文跟著自己東奔西走，吃盡了苦頭，沒有過過好日子，將錢全數交給郁文是紫筠能夠想到不會愧對郁文的最好方法。

　　雖然說，貧窮夫妻百事哀；但紫筠相信，兩人同心，其力斷金。沒有任何困難可以阻礙他和郁文的愛。話說回來，內心深處，總覺得對著郁文有份難以形容的歉疚。

　　這些日子，紫筠每天拖著疲憊的腳步回到家裡時，發現

餐桌上的菜越來越簡單。他知道郁文非常注意飲食，絕對不是捨不得給他多吃一點，而一定是在縮減開支，為了能支撐到自己找到工作。

「可能從家裡帶出來的錢，大概快用完了吧！」紫筠心裡急得不得了，但又不敢表現出來，心疼會增加郁文的煩惱。

最近紫筠回來時，經常聽到郁文跟他說：

「真抱歉，因為我要給小筠（次女）餵奶，她餓得很快，所以等不及你回來，就和小文先吃過了，你自己趕快吃吧！」

紫筠累了一天，碰了不少軟、硬釘子，一個大男人，心思畢竟沒有女人細膩，沒有留意，也沒有想過為什麼妻子會這樣說？來不及客氣，就坐下來狼吞虎咽的吃起來。好像軍人在行軍途中用膳一般，不到幾分鐘，就已經是碟兒乾、碗兒淨了。但仍意猶未盡，好像剛才吃下去的飯菜還不夠墊一個胃底兒似的。

郁文一邊餵奶，一邊看著自己心愛的丈夫一副意猶未盡的模樣，知道自己準備的飯菜真的不夠他吃，很想說些什麼，但要如何開口呢？

「接下來該怎麼辦？」

「他已經盡力在找工作了，但是時局這麼壞，接下來該

怎麼辦？」郁文看了看米缸裏剩下不到兩碗的米，心裡盤算
著：

「今晚要都給紫筠吃了，明天呢？小文因爲吃不飽，常
常嚷著『肚肚痛』，就算今天把自己的那份再省下來，讓紫
筠和小文多吃一點。可是、可是明天要拿什麼給又累又餓，
精神上受著種種打擊的紫筠吃呢？」

「我一定要想辦法，爲了紫筠，爲了肚肚痛的小文，爲
了能有足夠的奶水給小筠吃。」突然郁文福至心靈想到一個
好主意。

好不容易把小筠哄睡了，郁文囑咐小文坐在床邊看著妹
妹別滾下床來：

「媽媽要去要去找房東李太太，很快就回來。」

「小文乖不要亂跑喔，我回來再跟妳說故事。」

郁文走進了後院，看見房東太太的大兒子漢申，正坐在
槐樹下看書。

「李先生，你母親在家嗎？」

「何媽媽，您叫我漢申好了，可別叫我什麼先生！聽
起來怪彆扭的。我媽跟兩個弟弟去看大姐，大概一會兒就回
來。請問您找我媽有啥貴幹？」

「我……我……」郁文支支吾吾地不知道該如何開口。

還好，正巧李太太回來了，看見了郁文：

「哎唷！我說何太太啊，來來來，莫要站在天井兒裡，
請進來坐坐。」

李家的大廳內正對門是個大供桌，上面供奉著祖先牌

位，還陳列著香爐，鮮花，及四色水果。雖然這是一個在當時典型的擺設，但是看在郁文眼裡卻想到了娘家的大堂屋。郁文強嚥回去幾乎再次流出來的眼淚，僵硬地站在大廳門口像塊木頭。

「媽，何媽媽說有事情要找您」，漢申打破了沈默。

李太太年紀約有六十歲，移動著中年微胖的身材，滿臉慈祥地走到大廳門口，看著郁文說：

「有啥子事情，如果需要我幫忙，請不要見外，我們住在一塊兒，就應該像自家人。請說、請說！」

「我……我……」郁文囁嚅地不知如何開口：

「我……想問問您家裡有沒有什麼衣服要找人洗？」

「我……我……可以替您們洗。您只要給我一些米和柴就行了。」

李太太看見滿臉通紅的郁文好不容易擠出這幾個字之後，溫柔地拉起她的雙手，看看說：

「真是叫人心疼的娃兒。妳比我女兒大不了兩歲，看看妳這雙小手，我就知道妳沒作過粗活兒。」

郁文害怕李太太嫌她沒有經驗，怕失去這個唯一的機會，而得不到她的所求，連忙將手縮回趕緊說：

「不、不、我可以！我真的可以！」

李太太善解人意，雖然不瞭解郁文的出身背景，但每天看著夫妻兩人進進出出，知道他們是好人家的孩子，如果不是被生活逼急了，想必郁文絕對不會願意出來拋頭露面，看郁文說話扭捏的樣子，李太太心頭一陣酸楚，立刻對漢申說：

「你和弟弟的被單，枕頭套都該洗了。還有昨天晚上換下來的衣服，我今天沒得空洗，正好請何媽媽幫幫忙。不過，你們兄弟可不要站在那裡閒著，先去把要洗的東西拿到後院，然後去幫忙何媽媽打水，順便幫忙看著小妹妹不要亂跑。」

「何太太，來，妳跟我一道去廚房拿些東西。」

漢申來回跑了好幾趟把一大捆柴、米、青菜、和一大塊豬肉，都搬進了何家的廚房。

小筠不知道甚麼時被抱進了幼兒車，兩個大男孩逗得小筠咿咿呀呀的又笑又叫。

李太太兩個兒子，豈止幫忙打水而已；一個在幫忙將衣服泡在水裡，一個忙著用水清。郁文更是不敢閒著，用力搓揉著衣服，手掌都磨出水泡來，不到一會兒功夫，衣服、被單、枕頭套全洗乾淨了。

李太太走出來，一面幫忙把被套往繩子上搭，一面對郁文說：

「何太太，真謝謝妳，妳要是我的女兒該有多好！」

「快回去煮飯吧！時候不早了。」

郁文感動地說不出話來，不住的點頭謝謝房東太太適時伸出援手，一股溫馨地暖流撫平了原本焦慮的心，除了感謝，郁文想不到任何文字形容此刻的心情。

晚飯作好了。

好像很久沒有吃過白米飯，現在聞起來好香。有菜有湯、還有一盤回鍋肉，這是郁文跟李太太現學現賣的四川名菜。

　　給大女兒用菜湯拌了一碗飯。小文吃得好開心，鼻子上、臉頰上沾的全是飯米粒，不斷說：

　　「媽媽，好好吃！媽媽，好好吃！」

　　紫筠踏進門來，正好聽見小文的話，又看見她滿臉的飯米粒，樣子又好笑、又可愛：

　　「小文啊！什麼東西這麼好吃啊？」

　　「瞧瞧妳吃得滿天、滿地。」

　　「肉肉啊！肉肉好好吃。」小文一邊吃著、一邊用小湯匙指著桌上的菜。

　　紫筠看到好久不見的肉也高興的說：「嘿！伙計，今晚上有肉可以打牙祭呀，太棒了！」

　　郁文為紫筠盛了一大碗飯，甜蜜地笑著說：「是啊！你累了吧！來，乘熱快吃吧！涼了，回鍋肉就不香了。」

　　男人畢竟心思單純，紫筠居然沒想過要問問他的愛妻，那頓豐盛晚餐的由來。

　　郁文滿心感激地收拾大夥兒吃剩的菜餚。發現這麼豐盛的菜色，紫筠卻只吃了一塊回鍋肉，心照不宣，他一定是想省下一些明天大家再吃。想到以前飯來張口、茶來伸手的日子，目前種種，雖不可同日而語，但卻使她心中充滿溫馨和希望，郁文不再哭了，挺起胸膛，相信明天一定會更好。

三、魂縈舊夢

郁文出生在1920年代的北京,當時正值方興未艾的五四愛國運動,從「外爭國權,內懲國賊」、「收回山東權利」、「拒絕在巴黎和會上簽字」、以及「廢除二十一條款」等,逐漸轉變成由蔡元培、陳獨秀、以及胡適等倡導的新文化運動。那段時間的北京到處洋溢的大時代五味雜陳、新舊交替的景象。

連夫人娘家親戚中最愛逗郁文的,莫過於連夫人的四弟,金四爺,郁文的四舅。有一次,四舅說了一個這樣的故事,十足說明當時皇族的沒落,和死愛面子的趣事:

一天早上,四舅提著鳥籠在北京護國寺周圍遛灣兒,走進一個茶館去喝茶,看見鄰桌坐著一位落魄的前清朝老王爺,突然用力拍了一下桌子,

砰!

「吵什麼吵!不會安靜一點!」

一時之間,整個茶館都靜下來了,大家都回頭看著這位老王爺,誰不曉得他葫蘆裡賣什麼藥?雖然當時再也沒有人想理會舊時代的「王爺」,但是這些貴族還是保有舊時代的說話氣勢,大夥兒倒也被他震懾下來了,各自低下頭去默默的喝茶。

四舅為人和氣,正想過去打個圓場,轉身之際,看見那拍桌子的老王爺,用食指沾上口水,在桌上點了一下,然後

放進口裡。

原來，他發現有人在這張桌子上吃燒餅的時候，掉了些芝麻在桌上，可能桌面上的芝麻早被他用手指頭沾著吃光了，這桌縫裡的芝麻無法取出，讓它們留在那兒實在有點可惜，心有不甘！若想取出，但又怕被別人看到自己用手去摳的糗樣，非拍動桌子才能把它們震出來，可是，無理無由的亂拍桌子，別人會笑他是神經病，這時正好茶館裡人多，聲音吵雜，於是，他架勢十足地又拍桌子又吼叫，奏成一石二鳥之效！

郁文當時還小，才七八歲，不懂人情世故，只覺的這故事很有趣，立刻有樣學樣，在桌上乒乒乓乓的拍了起來。

郁文從小在北京城長大，因為父母親的關係，家族親戚大多是前清的遺族或是王公大臣。原來郁文的母親金氏是滿清時代的 一位正黃旗格格。在當時還存在的門當戶對觀念下，與一位蒙古的親王後代連仲三成親。算起來，郁文應該是啣著金湯匙出生的王公貴冑後代。

雖然民國成立後，滿清遺族以及前清大臣們，已經失去了以往的光環，但是因為連仲三先生在當時是一位留學日本的科學家，又正值軍閥各自為政，需要軍火來擴張勢力，連先生經營的兵工廠，自然成了政府和軍閥都需要的資源，因此在生活上受到政府的禮遇，全家住在北屋胡衕的大宅院裡，雖然連府雖比不上著名的恭王府，但是該有的王府氣勢，一樣也不少，絕非一般宅邸可比，排場亦不遜於王公貴族。

　　從門口佇立著重達百斤的石獅子，到王府特有的正門開間（恭王府有七扇開間門，時間久遠，郁文未出嫁前從沒有注意過父親的大門有幾個開間？）府邸內也是中軸對稱多進式的大四合院；王府的罩樓和專有的銀鑾殿（大堂屋）、下雨天打麻將也不會被雨淋濕的大型迴廊、亭、台、樓、閣、水榭、假山水造景、戲臺等一應俱全。屋頂上鋪的是琉璃瓦，每次雨過天晴後，瓦片都會發光。

　　石磚道上都還有當年精心雕刻留下的忠孝節義圖案。郁文小時候，最喜歡拉著王媽一塊石版、一塊石磚的數著圖案，有時還會吵著要王媽給她說上面模糊不清的雕刻圖像故事。郁文從王媽那兒聽來的故事，不論是七俠五義、過五關斬六將、楊家將、王三姐苦守寒窯等故事，後來都成為郁文講給孩子們的枕邊故事。

　　在廂房前的花園中，有一個很大的人造池塘，後面有符合風水設計的假山造景。

　　可能清朝的人想法比較周密，這個假山裡面還別有洞天，假山後面有一個活動的大石頭，用手一撥就會自動滾開，順著台階下去，裡面有石桌、石椅，郁文知道每年冬天這裡都存滿了冰磚，為的是夏天拿來消暑用的。因為不論是夏天降低室內溫度需要冰磚、冰鎮酸梅湯，西瓜等水果，都少不了從冰磚敲下的碎冰。

　　緊靠石室牆壁頂部透過氣孔可以看到外面的景致。但是因為氣孔外面是青苔、雜草，從外面看不到這個氣孔。洞裡面還有一個類似壁爐的設計，郁文總是覺得應該還有密道，

可能通什麼王府之類的地方，或是通到北京城外？但是因為室內光線非常暗，王媽又膽小，每次都制止郁文繼續探險。

郁文小時候常常拉著王媽到假山裡的山洞玩，有時在假山旁邊像個淘氣的小男生一樣抓蝴蝶、甲蟲，蟋蟀等各種昆蟲。

山洞邊的濕氣適中，生長了許多各式各樣不知名的花朵，特別是到了春天，花朵盛開，蟲鳴鳥叫的季節，常會兒見到兩人都搞得全身髒兮兮地帶著戰利品回屋。

郁文不是帶著花就是把抓到的昆蟲帶回房間在燭光下仔細研究，讚嘆這些花朵的美麗或昆蟲身上五彩斑爛眩眼的各式彩色裝扮、更喜歡欣賞那些昆蟲美麗又對稱的小爪子、翅膀。

可能因為郁文非常喜歡親近大自然的關係，每次靈感來了所作的刺繡品，總是比坊間賣的藝品多了一點神韻與活潑的感覺，難怪在外面見過大風大浪的連老爺子對郁文的手藝讚不絕口。

當時在老北京有許多清朝的文物隨著帝國的瓦解陸續流入市井或是當時的權貴家中。有回郁文的二舅來家裡串門子，郁文注意到他的袖子很特別，與當時社會上已經西化的西服不一樣，但又不像傳統的長袍馬掛，倒是有點兒像是過去上朝穿的朝服。有著非常寬鬆的袖口，妙的是袖口不曉得為什麼一直上下起伏，彷彿裡面兒有東西在鑽來鑽去似的。

躡手躡腳的溜到二舅身後，郁文出其不意從太師椅後衝出來，母親還來不及制止，淘氣地郁文已經將舅舅的手抬起

來，並且將袖子往後扯。一抬一扯之間，聽到小狗驚慌的叫聲，隨著叫聲一隻小到可以放在手掌上的「狗」跳了出來。

「呀……」

郁文反而被跳出來的「小狗」嚇到了。

回過神後，伸手去摸小狗的頭，發現就是一隻真狗，好可愛。小狗溫馴的讓郁文輕撫他的頭。小狗脖子上的鎖鍊連接著舅舅的手腕，正確的說，這隻小狗是被拴在二舅的手腕上。

郁文越看越喜歡，仰起頭來，看著二舅：

「這隻狗送我好不好？」

這種迷你狗真的很名貴，二舅怕熬不過姊姊及外甥女的央求，二話不說，找個藉口趕快溜之大吉。

郁文得不到這個可愛的玩具狗就放聲大哭。大小姐發脾氣了，誰都勸不住，最後只得勞駕連老先生出面安撫郁文：

「女兒啊，我跟妳說，這種狗叫作『袖狗』，出門揣在寬鬆的袖子裡或是懷裡，一方面可以把玩；二方面也可以彼此取暖，這是非常珍貴的貢品，很不容易看到的。這種袖狗不但很稀奇也很不好養。要是給了妳啊，我看不到兩天就給妳折騰死啦！舅舅不給妳，也是怕妳不曉得怎樣照顧，把好端端的一隻袖狗給弄死了。妳還是玩點別的東西吧！」老爺子繼續說：

「記不記得以前我書桌上養了一隻『墨猴』，一隻真的猴子，只有幾寸高，但是非常小，四肢健全，被訓練成每天幫我磨墨，有時還會偷吃墨汁。好玩是好玩，但是真的不

好養，後來生病，我送去給獸醫治療也沒治好，還是死了。這樣吧！趕明兒個，我給妳找個好玩的東西，保證妳會喜歡。」

老爺子金口一開，大小姐才破涕爲笑，滿心巴望著明天早點兒來。

第二天一大早，王媽興沖沖地跑來叫郁文起床。

「大小姐，快點呦！太陽都那麼高了。趕快去向老爺和太太請安，老爺說有好東西要給妳。」

郁文想起昨天父親說的話，三步併兩步，跳過迴廊間的花圃，繞過假山造景，直接衝往父母親的房門。平時若是順著迴廊走，從小姐房到老爺房需要好幾分鐘的時間，現在郁文可等不了，不顧王媽的呼喚，便直接穿過迴廊間的花圃、假山，又跳過一個水池，爬過廊杆後，先用手先梳理一下頭髮，站在父親房門口，規規矩矩的說聲：

「女兒給父母親請安！」

門開了，慈祥的父親笑呵呵的說：

「我說怎麼這麼快！看看妳，腳上都是泥巴。髒兮兮的，差也不差！這包東西妳拿去吧，讓王媽教妳怎麼玩。」

郁文謝過父親，趕快拎著包包快步退出房屋。因爲她用眼睛餘光看到母親正在生氣瞪著她上下打量。

郁文因爲是家中唯一的千金，有一個哥哥及弟弟，因此連老先生非常地寵郁文，母親金氏則希望將郁文教育成一個規規矩矩的正黃旗大家閨秀，無奈這個女兒也遺傳著父親蒙古人灑脫不羈的個性，每次都將母親的規矩當作耳邊風。這

回兒，眼看著母親就要發作了，三十六計，腳底抹油，先溜再說。

回到閨房，王媽幫郁文解開包袱一看：

「乖乖我的隆地咚，這可是稀世珍寶啊！」

郁文不懂，因為這不過是一個竹子作的盒子，一些好像是紙片作的人和一個金屬小盤子，看不出有啥好玩？哪裡值錢？

「大小姐，您可不知道，以前我隨老夫人去一個王爺家，看過類似這樣的東西。這原本是『多寶閣』裡的一個寶貝，價值可不輸瑪瑙、翡翠鼻煙兒壺！」

「『多寶閣』？」郁文一頭霧水的問著：

「多寶閣在哪裡？哪天妳帶我去逛逛。」

王媽笑著回答：

「『多寶閣』不是個地方，有人稱作『多寶格』」簡單的說就是皇親國戚專有的個人玩具箱。依照每個兒人的興趣，內容可以是袖珍版的四庫全書、凝脂白玉、芒刻微雕、玉鐲、寶石、鼻煙壺甚至於包括金石字畫等各種精巧的寶貝放在一個分有很多格子的小箱子裡兒。」

「這個箱子有機關或是暗扣，按對了機關，這盒子才能打開。有的甚至可以將裡面收藏的東西作三百六十度的呈現，實在是令人嘆為觀止。」

王媽繼續解釋：

「老爺給您的這個應該是叫做『八大鎚』！」

「這些看似紙片作的四個人中間都有細竹片，這每個

人穿著不同的武將衣服，戴上不同的頭套或是盔甲，手裡拿著京戲裡武生耍的圓鎚，一共有八個大鎚，所以稱為八大鎚。」

「這拿金鎚的是李元霸，拿銀鎚的是裴元慶，拿銅鎚的是秦瓊，拿鐵鎚的是梁士泰，他們全都是古時隋唐的好漢。您看著啊！我這樣放在這鐵碟子上，用這根小棍兒，這麼輕輕敲盤子的邊兒……」

「噯呀！他們在動呀！」郁文驚呼起來：「他們還會搖晃著手上的大鎚，在盤子裡走來走去，快看！快看！這個拿鐵鎚的把拿銀鎚的給碰倒啦！噯呀！太好玩兒啦！太好玩兒啦！」

「哇！這可真是個寶貝兒！」郁文興奮的大叫。

郁文高興得又叫又跳，一邊把跌倒的扶起來，把那根小棍子從王媽手裡接過來，學著王媽的樣子，輕輕敲著盤邊，看看這次誰把誰撞倒。

然後突然郁文跑出去，王媽一下沒回過神來，大小姐已經不見了。原來，郁文跑回去謝謝父親給她這麼一個好玩的寶貝兒。

這盒寶貝一直陪伴著郁文度過許多庭院深深的孤寂日子，她常會一玩就是幾個鐘頭，有時連吃飯都給忘了。一直到出嫁前，偶而還是會拿出來把玩。

晚年郁文還曾經跟外孫說起這段趣事，聽得小傢伙心裡直發癢，傻楞楞的問姥姥：「這會兒，在台灣能買得著嗎？」

當年郁文結婚時本來要帶走的，但後來整箱行李被母親拿走，這是後話。

逢年過年節的時候，老北京居民最喜歡看放煙火。

那時的煙火跟現代的不一樣，現代的煙火在當時叫做東洋煙火，除了一堆火花兒，什麼也沒有。中國原本的煙火是傳遞訊號的指引，後來發展出施放時，可以在天上形成的圖案，例如斧頭、戰馬或是茶杯等等。

郁文後來跟孩子們說，她印象最深刻的是有一次在年三十兒晚上，哥哥、弟弟和一些長工帶郁文去紫禁城附近看煙火，大家輪流背著郁文，在東安門前面等著看煙火。郁文回憶說：

「砰的一聲！一個明亮的火球緩緩升空，
突然光點在紫禁城牆上爆裂，
變成一匹雄赳赳的俊馬，
上面坐著一個俠客，
俠客與馬的火花在空中持續一段時間，
慢慢下滑，
然後……
馬在放屁！
在放屁中，人不見了；馬也不見了，
那個『屁』變成一棟房子……
房子的光點慢慢褪去，
天空中出現一大串葡萄……

最後，所有的葡萄一個接著一個地爆裂，
變成許多鮮豔的彩色光環，
天空又漸漸恢復黑暗。」

這些古老的煙火製作技術應該是沒有流傳下來，至少郁
文離開北京之後就沒有再看過！後來每次跟孫子們說這個故
事，大家真的都把他當作「卡通故事」來聽，畢竟現代的煙
火與傳說真的不一樣。

北京過年期間除了看煙火，就屬天橋一帶最好玩了。俗
話說：「三教九流，五行八作，什樣雜耍以及百樣吃食」都
在天橋附近。

天橋原本是一座在正陽門與永定門之間的石橋，過去滿
清帝制時代每年冬至到天壇祭祀必經之處，因此大家習慣上
稱作天橋。後來橋下方河道被填平，天橋被拆掉之後，大家
還是慣稱該地為「天橋」。

郁文每次到天橋看到有「吹糖人」都要買個來吃。吹糖
人與捏麵人以及平面的糖人娃娃不同，吹糖人是用一個銅管
將滾燙的糖漿放在一個模具裡，用像吹玻璃一樣的方式，將
糖漿吹出形狀。

郁文最喜歡吃大肚子彌勒佛，因為彌勒佛挺著大肚子笑
呵呵的樣子好可愛，更棒的是，每次用手去擠彌勒佛的肚子
就會有糖漿跑出來。郁文總是先舔光彌勒佛肚子裡的糖漿，
再一口一口地將彌勒佛吃掉。有時意猶未盡，還會再買個豬
八戒造型的吹糖人來吃。

　　王媽跟幾個在家聽差的長工陪著郁文慢慢逛、慢慢玩兒，一個場景讓郁文看呆了。

　　一個打把式賣藝的武生，拉開場子，說要表演正宗的壁虎功，希望大家能湊點銀子給小孩子過年兒買糖果吃。人潮慢慢圍過來，郁文太矮了，看不見。因此要一個長工蹲下來，將郁文扛在肩膀上。

　　只見那位彪形大漢，光著上身，背對著城牆，所有人圍成一個馬蹄形看他要如何表演？

　　武生對著三面人潮拱手作揖，轉身就往城牆上跑。

　　這可稀奇了，紫禁城的城牆是垂直的幾十丈高，但是這個人卻彷彿地心引力對他沒有影響似的，他跑在城牆上就像在地面跑步一樣，眼看著他就要爬上了城垛，幾個腰上掛著盒子砲（手槍）的軍人不懷好意的從城上往下看著他，他一轉身翻了兩個筋斗，又落回地面。

　　大家掌聲不斷，因為看得出來，這個「壁虎功」如果不是有真功夫應該作不到。郁文心想，要不是那幾個討厭的北洋軍人礙事，搞不好他可以一次就躍上城牆，那多厲害！

　　另外還有一個很特別的童玩，郁文從小就想買來玩，但都不敢，因為她看過小朋友受傷。「噗噗登兒」是一個像是葫蘆形狀的玻璃瓶，可以打從瓶口往裡面吹氣，葫蘆底的玻璃非常薄，因此只要用嘴巴吹氣或吸氣，瓶底的玻璃就會「噗登兒、噗登兒」的響，很好玩。但是有次，郁文記得，一個小男生可能太用力吹，把玻璃吹破，碎片飛到別人臉上，流了很多血，還好沒飛到眼睛裡去。

「幸好，他不是吸破的，否則，那麼薄的碎玻璃吸到喉
嚨裡還得了！」郁文每次想到都覺得好可怕。

王媽也提醒郁文：

「噗噗登兒、噗噗登兒；」

「兩毛錢兒，要個命兒。」

我們家大小姐可千萬別這樣就玩兒完了。

四、馬杓腦袋

　　從小在豪門長大的郁文，出門總有人前後招呼，在家裡也有王媽總是隨侍在身邊，過著像是格格般的生活；可是一見到母親，郁文彷彿就如同老鼠看到貓一樣，甭要說跟母親撒嬌，連作夢都不敢夢到母親出現的畫面。

　　漸漸地，郁文害怕母親的成分多過於想親近母親；另一方面，母親基於傳統滿州旗人的家族習慣，對郁文的要求卻越來越嚴格。

　　後來郁文才瞭解，在過去的皇族中，男生是不受約束的，因為有父親的庇蔭，他們無論作什麼都可以被接受；但是女生就不一樣了。為了找到一個理想的婆家，滿清的宮廷禮儀、漢族的三從四德等等的要求一樣也不少。

　　這天早上，王媽一早就跑過來跟郁文說：

　　「大小姐，夫人請您去大堂屋一趟，您快去吧，遲些到的話，夫人又會怪我辦事不力。」

　　郁文心不甘、情不願的趕到大堂屋，赫然發現不止母親一人，還有幾位遠房親戚也在場。郁文規規矩矩的向母親及幾位阿姨問安。還來不及請問母親事由，就聽到一個遠房阿姨問母親：

　　「唉呦……這孩子出息的好水靈啊！不過，我說也該是時候教她一些咱們基本的『公主安』啦！」

　　郁文一顆心開始不安的噗通、噗通跳著。看到母親臉色

沈了下來，心想這回兒準沒好事。果然，母親敷衍地送幾位親戚出門後。回到大堂屋，聲色俱厲地對郁文說：

「趕明兒個起我得開始教妳怎麼請『格格安』了，妳可得給我好好兒的小心學。」

「王嬤，妳去把那面大的穿衣鏡搬過來，以後每天早上妳給我看著小姐練習朝廷正統的公主請安方式。」連夫人交代完了之後，頭也不回地由丫環攙扶著回自己的房間去，留下滿腦子問號的郁文和王嬤。

郁文目送著母親離開後，拉著王嬤問：

「什麼叫做公主安？妳也會呦？」

「小姐您可別折煞我了，我是個粗手粗腳的下人，哪裡懂什麼以前朝廷公主的禮儀？」嚇得王嬤趕緊回答：

「我是以前隨著夫人看過別家小姐作過，那種請安的方式確實好看，整個人四平八穩慢慢地蹲下去，將筆直的身體變做像輕輕飄落的花瓣一般。我不會形容啦，但是我肯定一定非常難學！」

「……」

第二天早上，在開始教授之前，母親先教訓郁文：

「以前哪，我就要教妳最基本的公主安，要不是妳父親每次事先幫妳求情，說什麼『民國時代，不興這些繁文縟節』之類的話，妳早就該會了。昨天我已經獲得妳父親的同意，要開始正式教妳基本的朝廷禮儀，免得以後又被親戚看笑話，說咱家的孩子沒教養。妳可給我少去妳父親那裡說廢話。」

郁文不敢反抗、也不敢頂嘴，因為她知道母親最愛面子，也絕不允許任何有失體面的事情發生，這次在親戚面前丟臉一定讓她很難堪。

郁文乖乖的站著任由母親擺布手腳應該放置的地方。按照母親的指示一個動作接著一個作下去。

原來這種公主安講究在行禮時，身體必須四平八穩，不急不緩，雙手疊放在大腿上，一隻腳微微在前，另一隻腳在後，絕不能像跨大步似的往前跨開，身體筆直而不僵硬，緩緩地蹲下問安。給予人一種高貴端莊、雍容氣度的印象。

這動作非常不容易，不是往下蹲的時候會左搖右擺，就是會摔個大跟頭，郁文不知道練習了多少次，身體才不會搖晃、不會跌倒；但是不會跌倒還不行，還要保持上半身不動，這筆直而不僵硬的難度，絕不亞於前者。每次身體有一點晃動，非但得不到母親的諒解與同情，她的腦門子上就會被母親用蜷起來的指節狠狠地敲出一個包來。

雖然郁文承襲滿清旗人婦女不纏足的習慣，保持所謂的天足，但是郁文個頭兒小，腳掌也小，這種姿勢著實不好作，郁文老是抓不穩重心、身體不免搖搖晃晃，有時還要在一旁邊站著的王媽扶一把，才不會跌倒。

郁文自己也覺著非常奇怪，不知道為甚麼，每次她試圖挺胸屈膝彎下去的時候，就想到以前偷穿大人花盆底鞋的情況。

那種花盆底鞋又有人稱作馬蹄底鞋，鞋底是用木頭做的，像是個倒放的花盆，安放在鞋的中央，也就是說重心在腳心部位而非腳跟。

最高的花盆底可達十寸高，這樣的鞋跟，中間是摟空的，盆的底面上刻出很多小孔，形成蓮花圖案或其他吉祥圖案。如果鞋跟中間再放進香粉，每挪動一步，都會在身後留下一個蓮花圖案，因此有「步步生蓮花」的說法。

婦女穿著這樣的鞋走起路來，可保持昂首挺胸的身姿和腰肢搖曳的步態，格外顯得婀娜多姿。可是，郁文那次偷穿卻差點沒摔斷了腳踝骨！因為她好不容易穿上了，扶著桌子往起一站，一雙腳從來沒有只用腳心支撐身體重量的經驗，只覺得頭好暈，還沒站穩呢就跌倒了。

於是學請安的頭幾次，因為過去有了這種心裡障礙，練習起「公主安」來，雖然沒穿花盆底鞋，但是那次可怕的經驗都會湧向心頭，幾乎每次感覺都會要摔倒似的！

姿勢不標準，少不了受到母親的責罰。母親的要求，越來越嚴格，一舉一動都必須完全符合標準，動作稍有差池，郁文的額頭就會遭殃。

郁文每次練習時心裡都有著老大的不願意：

「現在已經是民國時代，不再有皇親國戚，實在不懂為什麼還要學這個八股禮儀？」

大概是因為郁文打從心裡就不願意去學這種過時的八股禮儀，每次在行禮的姿勢上就是差了一點味道。嚴格的母親總是一再要求郁文每天對著大穿衣鏡反覆練習。

練習成了郁文最痛苦的功課，她寧願上課、去背女兒經、去刺繡女紅，也不願意在穿衣鏡前練了半天，最後還被母親修理。

偶爾，老爺子傍晚會偷偷過來，看看郁文被母親敲腫的額頭。郁文看到父親，滿腔的委屈就像提防決提一般，傾盆的淚水浸濕了父親的衣衫。

老爺子總是好言相勸：

「我說女兒啊！乖，不哭了，我問妳，妳知不知道以前朝廷的請安有多少種？」

「嗚、嗚、嗚……我不知道。」郁文還在哭。

「妳知道『打扦』、『作揖』和以前朝廷的『請安』有什麼差別嗎？」連老爺子繼續試著分散女兒的注意力：

「妳知道晚輩對長輩的『請安』就分多少種？女眷請的安最起碼也有兩種：一是已婚婦女請的『夫人安』；一是未婚小姐請的『公主安』」。

「嗚、嗚、嗚……我不知道」郁文繼續沈浸在傷心裡：

「我為什麼要知道？現在已經沒有朝廷，我為什麼還要學這些八股東西？」

常常父親哄了半天，也比不上王媽的安慰更直接。

看到小姐在房間哭，王媽除了用她溫暖的手心，在郁文的額頭上輕輕的熱敷、撫揉著腫起的疙瘩之外，也陪著一起掉眼淚，嘴裡還不停的說：

「瞧瞧！這是怎麼話兒說？這是怎麼話兒說？小姐，下次您就認真一點兒，太太是為了您好，才這麼嚴格地管教啊！」

王媽的眼淚，像一劑清涼的止痛藥，郁文真的就不哭了。

郁文父親是蒙古人，豪放不拘小節，又在日本帝國大學接受過最新的西方科學思想，對孩子及下人都很開明。但是連夫人就不一樣，雖然清朝已經不存在，但老人家還是堅持要維持傳統的宮廷禮儀，繁文縟節規定得大家都很受不了。連老爺子疼愛夫人，往往只要不會太離譜，也放任太太去規範大家的行為。

因此，郁文從小就是夾在父母親兩個截然不同的思想中被教養長大。

因為受到父親的影響。郁文七歲的時候，開始進入北平一所洋學堂念小學。那個時代的女性，多半還是守著「女子無才便是德」的舊觀念。只能在家裡請位老師來教讀「三字經」、「百家姓」、或「女兒經」之類的書，最多學學如何記帳。主要的是把中國婦女傳統的美德「三從四德」深植在她們的腦海裡。要不就是學些刺繡、女紅之類的手工。在閨房中繡樓，深居簡出，一直到出嫁。

郁文在父親的支持之下，從小學一直念到高中畢業，這在當初那些「貴族世家」裡算是一個異數，當然一方面是郁文喜歡唸書；更重要的是連老爺子疼愛女兒，因此不顧夫人反對，讓郁文一路讀到高中畢業。

本來郁文打算繼續念大學，但是連夫人發現周圍前清土公大臣的孩子很少有人念到大學，並且老太太總覺得女子無才便是德，念這麼多書，到時候找不到婆家可怎麼辦？因此，後來不論連老先生如何關說，她堅持不再讓郁文繼續念大學了。

　　雖然郁文喜歡讀書的興趣與母親的希望背道而馳；但是郁文從小就非常喜愛刺繡。因此母親不但鼓勵郁文努力刺繡，甚至刻意營造許多環境讓郁文展現她在刺繡、女紅方面的才能。

　　夫人規定王媽在家中到處都要擺設郁文精心的傑作，諸如門簾、桌布、床單、枕頭套等等，多半都是她繡的。每當有親戚來家裡串門子，連夫人總是會刻意展示女兒精緻的手藝，並且有意無意的打探某某家王爺的公子近況，明眼人一看就知道夫人已經開始張羅女兒婚嫁的事情了。

　　在刺繡方面，郁文確實有天分，再加上母親刻意的培植，比起同樣家庭環境的女孩子來說，郁文在當時可說是個才女。

　　她雖然不會畫，可是一根細小的繡花針，就是她的畫筆，絲線就是她的顏料。凡是她喜愛的景象，都可以變成一幅生動的刺繡。郁文甚至還獨具慧心的發明一種方法，把一根絲線分成兩股或三股，繡在絹綢上，線太細用手摸不出來，但是看起來就如同一幅閃著絲綢光澤的照片。

　　不論是靜態的花草樹木或是動態的鳥獸、人物、風景等，郁文總是有辦法巧具慧心將這些景物和諧又漂亮地放入絲綢布內，看起來總是跟真實的一樣。

　　因為郁文一直被母親刻意鼓勵嘗試不同的刺繡創作方式，不斷地多方面練習結果，使得郁文在傳統刺繡方面已經有了相當的造詣，只是當時她並不知道。

　　郁文有一位姑母，非常疼愛郁文。姑父姓「邊」，是一

位滿州親王。郁文後來常跟孩子們說：

「姑姥爺他們家堂屋裡的供桌上，在安置滿清祖先牌位的地方，供奉著一個用葫蘆作的可以用來舀水的『大馬杓』。大馬杓上面還鑲著兩粒黑豆。有人管他叫做『馬杓兒腦袋、黑豆眼』。」

郁文小時候很喜歡到姑丈家玩，因為姑丈的獨子邊樹勛算是跟郁文一起長大的，郁文比樹勛大一歲，當倆人在一起玩的時候，樹勛就像個小跟班，郁文則是大姊頭負責發號施令。

每次去姑丈家，郁文都會站在供桌底下遙望那個水瓢兒，幻想「馬杓腦袋、黑豆眼」是什麼景象？

為什麼不能像一般漢人用毛筆寫出祖先牌位即可？

雖然母親是正黃旗的格格，但已出嫁，所以連府沒有供奉滿清祖先的牌位。郁文又不敢問母親，在家裡得不到的答案，全都落在姑爹家裡找答案。每次郁文都想爬上供桌去探險，但是因為供桌很高，她搆不著，一直不敢輕舉妄動。

有天去姑姑家，跟樹勛在大堂屋玩，看到四下沒有大人，這回兒郁文可是怎樣也按耐不住那個大馬杓對她的誘惑，非要樹勛去搬個凳子來，要爬上去好好研究研究。

剛開始，樹勛不敢，並且告誡郁文，不可以，因為媽媽說過：

「上面供的『馬杓腦袋，黑豆眼』，是他們的祖先：『愛新覺羅、努爾哈赤』」。

不說還好，一聽到是祖先努爾哈赤，郁文這回非要看看

不可了，怎麼滿州人的祖先是個大馬杓呢？

　　也不管樹勛同不同意，郁文自己跑到一邊兒去拖著一把高大的椅子往供桌邊來。

　　樹勛沒辦法，機伶地看看四周，確定媽媽不在後，才過來幫郁文拉椅子。

　　紫檀木的椅子非常沈重，這倆個五、六歲的孩子，好不容易才把它挪過去。郁文立刻爬了上去，她伸長了脖子看。

　　啊！看到了！

　　在桌子中央靠牆的位置，真的放著一個大水瓢，瓢把兒柄朝下，顏色是褐色的，大概是給香燻的，杓面兒上確實有兩粒黑豆。

　　她高興的叫道：

　　「真的是『馬杓腦袋兒，黑豆眼』啊！」

　　她覺得光是用看得不過癮，還想從供桌上爬過去，抓住瓢把兒好好看看。

　　但是膽小的樹勛在下面不停的小聲說：

　　「好啦！好啦！」

　　「姐，我的姑奶奶！」

　　「看都看過了，妳快下來吧！要是待會兒讓我爹瞅見了，那咱們可是吃不了兜著走啊！！」

　　其實，郁文心裡也犯嘀咕，心裡七上八下，不曉得這樣做算不算冒犯祖先？祖先生氣的話，不曉得會怎樣？這會兒，正好順勢下台了。

　　沒想到，往上爬的時候好像非常容易，沒怎麼費事就上

去了。這要下來可就不簡單了！

　　好像桌子離椅子的距離忽然變長了！變得比她上來的時候高了許多！腳搆了半天卻搆不到椅子，這下可慌了，她怎麼也不敢下來了！

　　急得樹勛在下面直哭：

　　「姐，這可怎麼辦！這可怎麼辦呀！這要是掉下來，妳會摔死的呀！」

　　「好啦！你別嚷嚷了好不好？我下得來呀，你看，我這不是在想辦法嗎？」郁文也急得坐在桌邊上喊叫。

　　他們的聲音越來越大，驚動了內屋的姑媽，跑出來一看，兒子站在供桌下邊哭，淘氣的姪女坐在供桌邊兒上，正使勁的想伸長兩腿。

　　「你們又在造反了！」姑媽氣笑不得的說。

　　「媽，您快把姊姊抱下來吧！她非要上去看看『馬杓腦袋兒、黑豆眼』」樹勛怕母親責罵，趕快解釋。

　　「妳這個猴丫頭！來！我抱著妳，讓妳看個清楚，以後可不准再爬供桌了！要是不小心摔下來，把腿摔斷了，看妳還怎麼找婆家！」這下子，郁文可仔仔細細地看清楚了，那兩顆黑豆鑲在瓢把兒上，看起來還真像兩個眼睛。

　　「可是，怎麼沒看見有鼻子和嘴，奇怪！為甚麼把個大馬杓當祖先呢？」郁文好奇的問姑媽。

　　「族裡傳說，努爾哈赤打仗時，不小心被敵人把頭砍掉，當時找不到屍首。後來找到了頭，所以後代子孫才以馬杓代替來敬拜供奉。」姑媽娓娓道來祖先的故事。

　　當時覺得姑媽講的有道理，反正這麼多年大家都這樣拜。但是後來回憶，唸書時發現歷史記載：「努爾哈赤是生病駕崩的。」到底是怎麼一回事？反正姑爹的祖先是「愛新覺羅」，滿清正黃旗他們世世代代都是這樣供奉著「祖先」。至於為甚麼要用黑豆當眼睛？那就不研究了。

五、終身大事

　　雖然連夫人已經開始在爲郁文挑選門當戶對的婆家，但每次都被郁文很技巧地借用父親的力量推掉，同時連老爺子疼愛女兒，也捨不得這麼早就將女兒嫁出去。總覺得應該慢慢精挑細選，找個在各方面都與女兒匹配的女婿才行。

　　因爲連老爺子精通數學、理化，加上經營兵工廠的關係，家中不乏年輕學子、教授、名流仕商前來聊天。

　　有天來了一個年輕人，自稱久仰連先生在數學、理化方面的造詣，有些問題想當面請益。

　　連老爺子一向不拘小節，與這位年輕人相談甚歡，當然年輕人的問題沒有難倒連老爺子；相對的，他給年輕人出了幾個艱澀的數學問題，年輕人急得臉紅脖子粗，算不出答案，最後只得認輸。

　　老先生本著惜才以及提攜後進的想法，遂對他說：

　　「沒關係，這幾題確實有點難。」

　　「這樣吧，你回家去想一想，想通了再來找我。」

　　這個年輕人叫做何紫筠，北大的學生。從此之後變成了連府上的常客。他常常自稱是連老爺子的學生，因爲他從連府學到最新數理觀念往往是學校同學都不知道的。

　　連老爺子愛交朋友，也非常喜歡這個聰明的年輕人。

　　不過郁文的母親卻不喜歡這個年輕人，連夫人管他叫做：「小瘋子」，因爲他似乎除了數理方面以外，什麼都不

懂。有幾次與連老爺子在大堂屋討論一些問題時，居然看見他興奮得手足舞蹈。一點都沒有貴族的氣派。

但是命運的安排卻往往出人意料之外，小瘋子何紫筠除了常常來找連老爺子聊天之外，也漸漸注意到郁文。而郁文也慢慢注意到這個「小瘋子」非但沒有瘋，反而還很有內涵。除了會與父親討論一些自己聽不懂的數理知識以外，國學的造詣也很好，偶而還會聽他吟唱幾段京戲。

這個人可能因為還是學生的關係，看起來不同於母親每次介紹的頑綺子弟。他總是穿著中式長袍；頭髮梳得很整齊，但從來不抹髮油；皮鞋有點舊，雖然沒有擦得亮亮的，但不讓人有那種骯髒的感覺；文質彬彬、有股特別的書卷氣息，看起來乾乾淨淨的。

郁文覺得他很特殊。

郁文在父親的鼓勵下是接受洋學堂的西式教育，崇尚西方的自由戀愛；不喜歡母親介紹那些千篇一律，不是氣焰囂張，要不就是過份拘謹的權貴子弟。何紫筠，相對來說，就顯得突出而且與眾不同，慢慢的獲取了郁文的好感。

郁文的母親終於在眾多有資格的求婚者中，選定了一位她認為門當戶對的親王後裔，還是一位獨生子，喚做鄒耀宗。

郁文，雖然不是故意與母親唱反調；但是卻很不喜歡這位獨生子的母親，鄒夫人。因為好幾次鄒夫人來家中作客，母親都刻意安排郁文在場。鄒夫人因為長年守寡，身穿黑色長袍，灰白的頭髮在腦後紮成一個髮髻，髮釵上鑲著綠翡翠。

　　郁文始終不會忘記第一次看到鄒夫人，她從郁文的腳開始打量，彷彿在目測郁文的腳有多大似的，然後目光移到郁文的褲管、上衣，跳過眼睛，直接看到郁文的頭頂裝飾，再從郁文的頭頂看下來，上上下下看了幾遍，看得郁文渾身發毛起雞皮疙瘩。

　　「我想，白雪公主的後母皇后應該跟鄒夫人差不多！如果要我繡出西方的女巫，我一定會用鄒夫人的樣子來當藍本。」郁文事後跟王媽說。

　　「聽說這位親王夫人從年輕開始守寡，就有這麼一個寶貝兒子。雖然鄒少爺人品很好，但是，寡母獨子，誰敢保證不會有一天看兒媳婦不順眼呢？」王媽心裡也在擔心著，但是沒敢說出來。

　　「妳知道嗎！現在都什麼時代了，她仍擺著親王夫人的架子，來作客也是呼奴喚婢，非常地喳呼！跟別人講話的語氣也是頤神氣使，尖酸刻薄，真是讓人受不了。」郁文繼續跟王媽抱怨。

　　「這樣的的婆婆，早晚會有一天逼得媳婦上吊。」郁文心中暗自思忖。

　　原來郁文有一位高中同學，就是奉父母媒妁之言，嫁給一位當時門當戶對的婆家。丈夫雖然對她十分疼愛，但婆婆對她百般虐待。為了不讓丈夫知道實情，最後忍無可忍而上吊自殺了。

　　郁文萬萬沒有想到，最後母親選擇的竟然是鄒家。

　　有一天，王媽聽鄒家的人說：「鄒家要來提親了！」

王媽早就知道小姐不喜歡鄒家老太太；也知道小姐對那位被夫人稱為小瘋子的何少爺印象頗好。

「這下子可怎麼辦？小姐若有了像是鄒老太太那麼一位婆婆，這以後的日子可怎麼過啊？」眼看著自己一手帶大的小姐後半生要受罪，想著想著不由得坐在小姐屋裡掉起眼淚來了。

郁文正好進來。她平常被母親訓練得走路要輕。因為有教養的女兒家走路、講話都要輕聲輕語，這才表現得出教養。

所以正沈浸在哀傷中的王媽，完全沒察覺到郁文進來了，還在那兒不停地擦眼淚。

郁文看見王媽哭得很傷心，嚇了一大跳，連忙輕聲的問：

「王媽，怎麼了？」

王媽也被突然站在身邊的小姐給嚇住了！趕快把眼淚擦乾淨，連聲說：

「沒甚麼，沒甚麼！」

「到底誰欺負妳？誰惹妳生氣？還是我媽罵妳了？」郁文不放心的追問。

王媽是老實人，拗不過小姐的關心與追問，只好直說了。

郁文聽到鄒家要來提親的事，心想如果真的嫁到鄒家去的話，以後的日子可有得受了。

「我該怎麼辦？」郁文遇到這種大事反而比王媽更冷靜。

「我一定要讓父母親知道，我不願意嫁給鄒家。」但是郁文不敢去找母親，因為母親絕對不會支持的。

打定了主意，她走進父親的工作間，連老先生正帶著一隻單眼放大鏡，聚精會神地坐在桌子前雕刻圖章，郁文怕驚擾著父親，手一滑，會把手刺破了，就站在父親身邊輕呼：

「爸！」

老爸抬起頭來看女兒，那隻單眼放大鏡「吧叮」一聲掉到地上。

郁文彎下腰去把放大鏡撿起來放在桌上，開始撒嬌的用雙手搖晃著爸爸的肩膀，一邊說：

「爸！爸！我可不要嫁到鄒家去，鄒夫人每次來咱們家，總是會把我從頭到腳的看來看去，看得我脊樑骨都發麻，我要是嫁到他們家去，非瘋了不可！」說著眼淚也跟著掉下來了。

連老先生聽了反而笑著說：「傻丫頭，是誰說的要把妳嫁到他們家去的？我怎麼沒聽說呢？」

郁文逮到機會，趕快回答：「王媽告訴我，是聽鄒家的春梅說的，他們老爺、太太要派人來咱們家提親了。」

「真有這事？待會兒我得去問問妳媽去。」連老先生立刻嚴肅起來：

「不過……話說回來，鄒家耀宗那孩子，人品倒也還不錯嘛！」

「不要！不要！打死我也不要。」郁文這回哭得更厲害。

「好孩子，別哭，別哭，我去弄清楚再說。」

「爸，您一定得給我作主啊！」

連老爺子問了夫人，知道確有此事後，極力反對。說女兒還小，過兩年再說也不遲。

雖然連家一切事物多是由連夫人作主，但女兒婚姻大事，如果丈夫反對，她也不能一意孤行，只好派人去向鄒家說明。這件姻緣也就雷聲大、雨點兒小的收場了。

母親雖然聽從老爺子的規勸，將這門親事退了。可是心中極為震怒，知女莫如母，她心裡明白，這丫頭準是看上了那個小瘋子，惡人先告狀，先發制人。她知道丈夫特別偏愛女兒，如果自己一味堅持，夫妻傷了和氣，反叫外人看笑話，所以表面上按兵不動，私下卻開始計畫布陣。

連老爺子因為工作的需要，經常北京、天津來回跑·有一次興之所致，就帶全家大小和所有聽差廚子，一起去天津住幾個月。

紫筠那時在北京讀書，一個窮學生，無法常去天津。連家幾個小聽差的，年紀跟郁文相仿，都自願充當郵差，為他們傳遞情書。連夫人早就知道，心中暗自思索，為了女兒的幸福，一定要讓他們斷了來往，絕對不能讓女兒嫁給這個窮小子。

「最好的辦法，就是雇人好好修理修理那個小瘋子，讓他知難而退！」連夫人心中打定了主意，於是瞞著家裡所有的人，雇了幾個亡命之徒，計畫要把紫筠誘騙到唐山附近一座廢煤礦區，在沒有人煙的地方下手！

　　沒想到正應了俗話：「若要人不知；除非己莫爲」。這消息不知道怎麼會被家裡一個聽差的給知道了！這個聽差是個孤兒，從小就到連家來當使喚小子，郁文一向最照顧這些聽差的人。這個使喚小子聽到這駭人的消息後趕快跑來告訴了郁文。

　　郁文二話不說立刻去找父親，告訴他有人要假借她的名義把何紫筠騙到唐山的一座廢礦區，好好揍他一頓。

　　老先生當下心裡明白是怎麼一回事，所以也不再問甚麼。心中盤算著，從天津到唐山兩百多華里，就算騎馬也要一日才會到，怎麼來得及？

　　突然想到，前些時候從北洋軍那裡買來的「摩托車」，還沒有試過，正好利用這次來試車。

　　老爺子叫副官把車子加滿了油推過來，一瞧，忍不住笑了出來。

　　原來老爺子還在擔心不會「騎」摩托車，但是沒想到這個「車」，跟腳踏車一樣，只是多了引擎，旁邊還有一個單輪的車廂，可以放東西，也可以坐人。整輛車四平八穩，任誰都可以騎上去不會摔倒。

　　老爺子跨上摩托車，一加油門，呼嘯而去。

　　雖然摩托車比馬還要快，但是當時正值盛夏酷熱的天氣，老爺子出門後郁文心裡又是擔心；又是焦急，不曉得父親趕不趕得上這個「約會」？

　　郁文更擔心父親第一次騎「摩托車」就騎這麼遠的路程，一路上太陽這麼大，會不會太累？

　　父親出門後一直到第二天中午才回來。一進門就到女兒房裡，說：

　　「女兒啊！我見到何紫筠了，他沒事。」

　　「我跟何紫筠談了很久，知道他很喜歡妳。」

　　「我去的路上邊騎車邊想，既然妳這麼在乎他！如果這小子也喜歡妳的話，乾脆讓他作我的女婿，省得以後麻煩。」

　　「何紫筠這小子跟我保證他會全心全意的照顧妳。我就是要等他說這句話。所以啊，我已經叫他選擇一個黃道吉日來家裡下聘訂婚。」一口氣，連老爺子把話說完後，接著從上衣口袋裡把懷錶拿出來，說：

　　「孩子，來，摸摸爸爸的錶！」

　　郁文一宵兒沒看到爹爹回來，早上也沒有盼到。心想都過了午膳時間，不曉得會不會有事發生？正在六神無主的時候，突然看到父親衝進房門，還來不及反應，就聽到父親跟她說這個天大的喜訊，一時之間反應不過來，整個人傻住了。

　　又聽到父親叫她摸懷錶，機械式的伸出手去碰觸父親的懷錶，這下可被燙醒了。

　　父親從懷裡拿出來的懷錶好像一個滾燙的石頭，燙得郁文大叫一聲，甩掉懷錶。幸好懷錶有一條鍊子鉤住父親的衣服，沒摔到地上。

　　「怎麼會這麼燙？」郁文還沒搞清楚狀況。

　　「外面可熱著呢！妳在家裡不是放了一大塊冰磚，還要

搧扇子！」

「王媽，幫我倒一大杯水，記得要鑿些碎冰進去。」父親沒好氣的回答。

郁文這才回過神來，原來父親爲了愛她，愛屋及烏，爲了怕太晚去會造成遺憾，一定是路上連片刻都沒停下來休息，馬不停蹄地來回趕了四、五百華里的路程，從昨天下午一直到今天下午，差不多都是頂著盛暑烈日的大太陽，連懷錶都這麼燙，「人」豈不熱壞了！

郁文趕快請父親坐在冰磚旁邊，幫父親擦汗。

父女倆少不了繼續剛才的話題。

郁文是既感動又心疼父親，心想，「感謝老天爺，大家都平安！」

另一方面，連夫人可就氣壞了。當她聽到下人回報，老爺子已經答應那個小瘋子擇日下聘，一口痰卡住，竟然抽起乾瘋來了。老爺子聞訊，趕過來，夫人已經暈倒了。

後來雖然請大夫將大人治好，老太太整個人瘦了一圈。連老爺子固然心疼夫人，但是已經說出去的話是不能更改的。一切只好順其自然。

郁文經過這次婚姻革命與母親的關係已經跌破冰點。母親在病床上清醒過來時，郁文趕過去請安，老太太立刻將眼睛閉起來，既不回答，也不理睬郁文。

郁文從小到大，雖然曾爲學習請安，姿勢不端正而受母親責罰。但至少母女間從來不會像現在這樣對面不相識。

郁文還是每日晨昏定省，有父親在時，至少可以得到

龍鳳小帖

母親一聲「嗯！」的回應；父親不在時，老太太連睬都不睬她，讓郁文乾杵在那裡半天，彷彿沒有她這人兒似的，郁文乾站了半天，最後都是王媽過來悄悄拉著流淚的小姐黯然離去。

幾次下來之後，郁文也病了。

郁文當然知道母親愛她，原希望她風風光光的嫁到公侯世家，享受榮華富貴。不過，她很清楚自己絕不願意作鄒家的少奶奶，更何況婚姻是自己的終身大事，她可不願意像她那位可憐的高中同學，最後走上自殺的途徑。

郁文一方面想追求自己幸福，另一方面又割捨不開與母親的親情，時間的壓力逼著郁文必需在兩著之間作一個選擇。

郁文很清楚在母親眼中，紫筠只是個窮學生。其實何家世代書香，並曾在朝為官，在河南汲縣是數一數二的大戶人家，但在母親眼中書香世家又怎能和鄒家是滿清皇族相比較呢？

親情和婚姻，引起郁文內心嚴重的衝突，每天承受著母親的冷淡，她終於病倒了，而且病得相當利害，一過中午，人就會有些微燒，時常不停咳嗽，中醫說是得了「女兒癆」，其實就是一種非傳染性肺結核。

紫筠按照連老爺子的吩咐上門提親了。

那時候的訂婚，要經過好幾個程序：

首先，需要一個媒人。紫筠找到卜叔當媒人。卜亨齋先生是連老先生的好朋友，常到連家來串門子。自然認識紫

龍鳳大帖

筠，他覺得紫筠青年有為，文質彬彬，非常可愛。又知道這兩人情投意合，所以自願作倆人的媒人。

連老爺子親自接待媒人卜叔，茶過三巡，連老爺子以家長身份請媒人將男方的「龍鳳小帖」帶過來合八字。龍鳳小帖需由媒人書寫，註明男方（也稱做「乾造」）生辰八字。

連府收下了紫筠的生辰八字，連老先生找算命先生批八字後，就開始「過龍鳳小帖」。所謂「過龍鳳小帖」就是給媒人遞回去一張同樣的紅帖，上面書明女方（也稱做「坤造」）的生辰八字。

過完了龍鳳小帖，這樁婚事算是正式的定下來了。然後男女雙方各備訂婚指環一枚以及「龍鳳大帖」一份，書明兩位當事人的生辰八字。

這「龍鳳大帖」，是名副其實的大，約有三尺寬、一尺半高，是用紅色的絹布所印製，上面寫明紫筠及郁文雙方的生辰八字，紫筠送往連府的那一份上，則印有雙鳳，書有紫筠家長姓名及郁文父母親大名。女方送往男方的印有雙龍，同樣有雙方家長姓名。

連府上上下下都在喜氣洋洋的張羅著老爺子獨生女的婚姻大事。

但是郁文受不了內心的煎熬病倒了之後，整日昏昏沈沈，彷彿這一切都是在夢境之中，在夢中人來人往，好像都是一些影子，她感覺到父親過來撫摸她的額頭，又好像看到紫筠興奮脹紅的臉。

發生的一切好像都是在看戲，郁文好像是坐在台下，看

著台上的戲角兒忙進忙出。一會兒，好像自己又成了戲裡的一部份，有裁縫來幫自己量製禮服，如夢似幻的感覺已經分不出真實還是夢境。

到了要拜別父母親的時候，郁文跪下之後看到父親紅著眼眶，母親依舊是鐵青著臉，郁文開口想說話，還沒說出口就暈倒了。

在雲霧之中，郁文被擁上的禮車。回頭看看連府大門內一些熟悉的景物，眼淚不聽使喚的一直流下來。

「王媽，王媽呢？」郁文在半夢半醒之中呼喚著最疼愛她的王媽。

旁邊閃過一個影子：「回大小姐話，夫人說您出閣以後，府裡不需要王媽。老爺念舊，留王媽在廚房打雜。這會兒應該正在忙著呢。」

郁文跌回座位，眼前的一切越來越模糊。

在車中的時間好像停下來了，郁文想起了父親，想起了小時候跟王媽在院子裡玩耍……突然一切都變得好遙遠：

「今天出了這扇門，下次何時可以再回來看看？」

突然聽到一陣嘩然大笑，原來那些請過來幫忙抬嫁妝的壯漢都跌倒在地上，郁文定睛看到這個景象，不禁啞然失笑。這箇中奧祕大概只有母親與自己知道。

原來每個人想連老爺子就只有這麼一個寶貝女兒，現在要出嫁了，那嫁妝還少得了嘛！

肯定每個都是十足沈重的大箱子。抬箱子的壯丁一定事先吸足了氣，四人兒一起將箱子用力往上提，可是大家都不

知道幾十個箱子幾乎都是空的，大夥兒重心不穩才跌倒的。

　　昨天晚上，恍惚中記得⋯⋯郁文正在跟王媽講話，突然母親來了。

　　對於郁文來說，幾個月母親將她視為空氣、陌生人，卻在結婚前夕親自到她房間來，讓郁文覺得受寵若驚，連忙支使王媽出去。恭恭敬敬地為母親倒了一杯茶，自己怕站不穩跌倒，扶著桌子的一角站在旁邊，不曉得母親有什麼吩咐。

　　「嗯！這個茶涼了。」母親開口說話：

　　「前幾天，我跟幾位親戚打牌，輸了很多錢。我不敢讓妳父親知道。我曉得妳父親給妳準備了許多首飾、金銀珠寶、古玩字畫、綾羅綢緞當嫁妝，我想妳一時也用不著這些。不如都先借我沾沾妳的喜氣，等我打牌贏了再還給妳。」

　　就這樣，郁文出嫁前一天晚上，所有值錢的嫁妝都被母親叫下人給搬走了。

　　王媽跪在地上向著老夫人咚咚咚地猛磕頭，一邊哭喊著：

　　「夫人啊，您行行好，放過小姐吧！」

　　「您把所有嫁妝都拿走，小姐以後靠什麼過活啊！」

　　老夫人頭也不回地由丫環摻扶著走了。

　　夜深了，下人們還在不停搬著郁文的嫁妝。

郁文不曉得什麼時候跌坐在地板上？也不曉得在地板上坐了多久？朦朦朧朧地聽到王媽的哭聲，搖搖晃晃的走到門口，想去攙扶王媽起來，但是身體實在太虛弱了，一用力自己反而重心不穩跌倒，王媽趕緊撲上前去，擋著郁文差點撞上的石頭前面。郁文拿起手帕幫王媽擦淚，一看手絹上全都是血。

原來王媽剛才用力在地上叩頭，咚、咚、咚的將額頭都敲破了。郁文就這樣抱著王媽坐在地上，好像在看戲，戲裡的人物又都好真實，戲散了，自己還坐在戲台內，迷迷糊糊的到天亮。

郁文坐在車內看著搬嫁妝僕人們跌倒在地上錯愕的表情，心中五味雜陳。因為箱子裡面只剩下一些衣服和一把質料非常好的衣刷（郁文家用的東西都是上等貨，那把唯一的衣刷跟著郁文走了不少地方，經過四、五十年後到了台灣仍然完好，一根毛也沒脫落）。

就這樣，郁文帶著幾件衣服和一把衣刷嫁到何家！

後來，她母親從來沒提過首飾這檔子事，郁文也不問，更始終沒跟愛她的父親提過這件事。

那天發生的事，彷彿不曾發生一般。

六、初為人母

紫筠準備結婚前，找到一份教書的工作。結婚滿一個月，有一天紫筠出去上課，郁文一個人坐在藤椅上，欣賞窗簾上繡的龍鳳、牡丹和囍字，色彩調和，繡工非常細緻，心想：

「過兩天，我也該買塊顏色相仿的桌布，好搭配這麼美的窗簾才對。」

突然聽見有人在外面敲門，站著一位陌生人，說：

「請問，何太太在家嗎？」

郁文一聽有人要找何太太，覺得很詫異。

「奇怪！」

「這個人怎麼會到這裡來找我婆婆呢？婆婆在河南，離這兒可遠著嘞！」剛想說：

「何老太太不住在這裡呀！」，忽然想起來，對了！自己不就是何太太嗎！

原來那個人是來收窗簾的，因為窗簾租約是一個月，現在已經到期了！看著那個陌生人將漂亮的窗簾收走，郁文心中百感交集。

但是生性樂觀的郁文，隨即想到，這樣也好，不但省了準備要去買桌布的錢，沒了窗簾室內光線更亮。想著想著不禁哈哈大笑，原來這個世界既然連窗簾都可以出租，各行各業，只要肯努力，絕對餓不死。

郁文剛結婚時不會作菜，麵食也只會作水餃。因爲在娘家每年過年，全家女眷都要參與包餃子。現在，她家裡除了經常吃水餃外，郁文常喜歡當紫筠不在家的時候買些饅頭回來，把大蒜擣碎加上麻油和鹽，用饅頭沾著吃，她覺得非常可口，後來連平常吃水餃，也都喜歡如此。所以大蒜泥成了他們家飯桌上，每天必備佳餚。

沒想到大蒜竟然悄悄地治好了她的女兒癆。當時，她並不知道，是過了很多年以後，因爲患氣管炎咳嗽而照Ｘ光時，醫生發現，她的肺部除了有幾個鈣化點以外，非常乾淨。後來才知道，原來因爲很長的一段時期，天天吃大蒜，竟然讓已經發炎的地方痊癒而鈣化了！醫生告訴她：「鈣化了的地方是不會再有問題的。」

婚後一年多後，郁文突然非常愛吃酸的東西，人也變得懶散。醫生說她害喜了！這可是大好的消息！紫筠是長子，何家要添長孫了！

紫筠的父親遠從家鄉河南汲縣，寄了兩套育嬰書籍，一套「妊娠學」和一套「育嬰學」，送給媳婦。郁文因爲是頭胎，正在發愁不知該如何處理，這兩本書籍給郁文送來無限的溫馨和鼓勵！

在還沒與紫筠結婚之前，郁文記得父親開玩笑說，妳以後一定要多生幾個胖娃娃。當時郁文不了解：

「爲什麼？」

「傻孩子，我是蒙古人，妳母親是滿州人，紫筠是漢人，中國五族共和裡，妳們家中就佔了三族！聽說血緣越遠

生出來的孩子越聰明，當然要多生幾個！」

　　但是現在真的懷孕了，郁文反而開始有點兒害怕，特別是沒有大人在身邊，又找不到王媽，有問題也不知道問誰？幸好公公和婆婆很貼心地適時寄來這兩本寶典。郁文想問的問題，裡面都有答案。

　　可能是第一胎，又缺乏有經驗的人在身邊照顧，懷孕還不滿七個月，郁文就產下一個小小的早產女嬰！

　　早產兒剛出生的時候，真的非常非常小！

　　頭像壽星頭那麼長，而且是個很「老」的壽星！頭上光禿禿的連一根頭髮也沒有，滿臉的皺紋，手腳都那麼瘦小，細細手指頭好像一把刷子。

　　郁文不放心，常常拿起小手、小腳來數了又數，確定嬰兒的每一隻手及腳掌上，沒有多生或是少長根指頭，確定數目正確後再塞回棉襖裡。

　　連夫人聽說郁文生了。也趕到醫院來看她，當她看見自己的外孫女像是「老壽星」一般的早產兒時竟然建議郁文：

　　「換個好看點的吧！」

　　「聽說有一位北大女學生，剛產下一個女嬰！」

　　「聽說她沒幾天就偷偷地跑走了！」

　　「我看過那個孩子，滿頭黑髮，眼睛大大的，臉圓圓的，非常可愛，將來一定是個美人兒。」

　　「反正那孩子沒人要，妳啊，不如跟她調換一下！」連夫人很認真的建議。

　　郁文一聽，可真的是嚇壞了！

　　再醜，這也是自己的骨肉啊！

　　從那一天起，郁文就把小嬰兒放在自己身邊，時刻不離，深怕那天不小心睡著，孩子被她母親偷偷地給換了。

　　紫筠給他們第一個女兒取名叫做「幼文」，因爲是女兒，就好像是「幼小的郁文」一樣。

　　但是早產兒幼文，眞的是出奇的小，因此在家裡的乳名喚作「小文」。

　　小文出生的那年，正逢閏五月。小文是後五月生的，那應該算是六月了，是一年當中天氣最炎熱的時候。這個不足月的孩子，初生時身長還不到兩個合起來的巴掌那麼大，比一般的嬰兒小很多，體質非常脆弱，除非用雙手托著她，根本無法把她抱起來。

　　郁文對於自己的小寶貝，既心疼又擔心，每次抱著小嬰兒時都擔心不小心會折斷她的骨頭。幸好從那本「育嬰學」裡學會如何照顧不足月的早產兒方式，否則，毫無經驗的郁文，眞不知該從何照顧起。

　　郁文用一塊平滑乾淨的木板，先在上面鋪滿厚厚的棉絮，把小嬰兒放在那塊板子上托著，這樣才不會折斷那又小又脆弱的嬰兒身上任何一塊骨頭！

　　但是不論給小嬰兒穿多少衣服，蓋多少棉被，小手、小腳永遠都是冰涼的。根據育嬰學上的方法，她用全新的棉花把嬰兒包住，然後再用棉被裹起來，頭上永遠戴著帽子，一方面是爲了怕受涼，另一方面是保護脆弱還沒有長硬的頭蓋骨。這樣一來，就不會看起來像一個縮小版的小壽星了！

　　早產嬰兒實在小得可憐，根本不會吮奶，郁文必須把用水沖淡了的煉乳，裝在眼藥瓶裡，用手撐開小嘴，按著眼藥瓶上的橡皮塞，慢慢地把奶水一滴一滴的往嘴裡滴。

　　每滴一滴，就必須稍停片刻，要確定前面那一滴已經嚥下去了，才能再滴下一滴，如果不小心，一次多滴了兩滴，嬰兒就會被嗆得把剛嚥下去的奶，全部都吐出來！

　　從完全沒有經驗，到將一個連醫生都沒把握帶大的早產兒養活過來，郁文為母則強，靠著公婆寄來的書，靠著與第一個孩子的骨肉親情，在沒有保溫箱、在炎熱又缺乏良好衛生環境的三伏天裡，郁文甚至於來不及坐月子就開始帶孩子。對於周遭迅速發生的一切，郁文心裡充滿了感激與關切；只是每天晚上睡覺都還會醒來好幾次，因為很怕一覺醒來，自己的「小壽星」被母親給掉包了。

　　小文因為身體實在太孱弱，一直到她滿四個月後，郁文才帶她去醫院接種牛痘。

　　從牛痘由紅腫化膿到膿泡轉乾後，結成硬痂，郁文一直都小心的注意。因為，郁文聽說膿泡如果破了，膿流到那裡，那裡就會像又種了一次牛痘，將來的疤痕就會更多更大。

　　終於有一天非常欣慰地見到小寶貝的牛痘瘡痂已經開始掀開，眼看著不久就會脫落留下一個圓圓的疤痕，那證明她永遠不會變成麻子臉了！

　　郁文還來不及高興，沒料想到，小寶貝竟會在這時候被傳染上了麻疹，郁文真是嚇壞了。牛痘瘡痂尚未完全脫落，接著又出麻疹，這瘦小的女兒，能熬得過麻疹的肆虐嗎？

含著淚帶著小文去醫院看小兒科醫師。沒想到，醫生在檢查過後，竟然抓住郁文手，激動的說：

「天哪！想不到！這種事情竟然會落在這孩子身上！」

郁文被他的話嚇得哭出來了，她想著小文是沒希望了！

醫生趕忙解釋：「別哭！別哭！我實在是太興奮了！剛才話沒說清楚，對不起！」

「這是我行醫多年以來所見到的第二個病例，一萬個病例中也難得有一個，這叫『鈣花疹』。就是當牛痘瘡痂尚未完全脫落時出麻疹。這樣的麻疹出過後，這孩子的皮膚，將會終生免疫，不會被傳染上任何皮膚病。」

「但是在出麻疹期間，因為這個孩子體質太弱，妳要加倍注意，如果孩子有甚麼異狀，譬如體溫越燒越高，呼吸特別困難或昏睡不醒，就立刻帶她來見我，我們一定設法幫助她度過難關。」

在郁文和醫生細心地照顧下，小文總算熬過來了。

後來，郁文把醫生說的「皮膚終身免疫」的話忘了。一直到很多年後，他們全家人在陝西西安都感染了疥瘡，唯獨小文沒被傳染，她才想起了醫生的話。

小文八、九個月大的時後，紫筠為了體恤郁文的辛苦，特別請一個傭人幫郁文帶孩子。沒想到，請來的傭人一時疏忽，害慘了大家。

有一天，郁文正在忙著做飯，傭人抱著小嬰孩，怕小文哭鬧吵到少奶奶，就給了她一個銅錢玩。可能是要長牙的時候，所以，無論小手裡拿住甚麼都會往嘴裡放，咬來咬去，

當然那枚銅錢也不例外！沒想到竟然因此竟中了銅毒。

郁文作夢也沒想到中了銅毒非常可怕！

剛開始小文只是拉肚子，本來以爲吃壞肚子，不以爲意。沒想到越來越厲害，人也越來越虛弱。

後來，拉出的大便不但像水一樣，如果流到抱她的人胳臂上，胳臂上就會像被熱水燙了似的起很多水泡。這時郁文才警覺情況不對，急忙帶著昏迷不醒的小文去找醫生。

沒想到一連找了好幾間當地的大醫院，醫生的回答竟然都是：

「太晚了！回去吧！」

郁文不願放棄，但是這次不論如何拜託、懇求醫生，他們都不願意收一個已經瀕於垂死邊緣的病人，好像生怕會惹禍上身一樣。

是心疼女兒、是懊悔自己的疏忽、是千萬個不捨、此時六神無主、驚惶得不知所措的郁文，泣不成聲地坐在醫院門口，再也走不動了。一個好心的人力車伕攙扶著傷心欲絕的郁文抱著半死的女兒，坐在人力車上回家。

說也巧合，當人力車伕聽郁文描述是怎麼一回事的時候，勸郁文帶孩子去找中醫看一看：

「也許中醫會有一些祖傳祕方，是西醫不知道的。」

郁文想起來正巧在仕的那條小巷子口，有一位年紀很大的中醫，人力車伕勸她快點帶孩子去看看，暫且就死馬當活馬醫吧！說不定還會一線希望。此時，郁文已經別無選擇，只有試一試了。

　　那位慈眉善目，鬍鬚頭髮白得像雪似的老醫生，把完幼文的脈搏後，沈吟了半天不說話，郁文急死了，又不敢吵醫生，怕老醫生會說出好像判女兒死刑的話來。終於老醫生站起來，往後面草藥櫃內抓了一些藥草交給郁文，囑咐說：

　　「回去趕快把這包藥熬了給她『灌』下去。」

　　「如果等一柱香後，妳看見這孩子的鼻頭上冒出汗珠來的話，那這孩子就有救了。否則，就是我跟她沒緣分，妳就給她準備後事吧！」

　　郁文謝過老醫生，趕忙抱著孩子，三步併兩步地跑回家，把藥熬好了，準備給小文喝。

　　這時，小文已經如同死去一般，紫色的小嘴閉得緊緊的。她這才記起來老醫生曾說：

　　「給她灌下去！」

　　郁文一邊掉著眼淚，一邊用小湯杓把幼文的嘴撬開，自己慢慢地一杓一杓往小文嘴裡灌，也不管會不會吐出來，一股腦兒將半碗熬出的藥全都灌進去了。然後目不轉睛地瞪著小文那張蒼白的小臉。

　　郁文用手一邊按摩小文，怕她將好不容易求來救命的藥吐出來；一邊喃喃自語：

　　「孩子啊！妳有沒有聽到媽媽在叫妳啊！」

　　「小文！妳醒醒，看看媽媽！」

　　郁文一邊呼喚小嬰兒的名字、一邊不停地跟她說話，漸漸地，她發現那張看起來十分痛苦臉，好像慢慢舒展開來，也不那麼蒼白了，小小的鼻頭上逐漸有些潤濕。

終於……看見小小的鼻頭上有汗珠冒出來了！

郁文興奮得心臟都幾乎停止了！

心裡不住地感謝上蒼，她的女兒有救了！後來，又吃了那位老醫生幾服中藥後，幼文就完全恢復了。

等郁文後來想起來要去感謝那位老醫生時，老醫生已不知去向了，聽說是他兒子來接他回家鄉去了。

郁文後來常跟孩子們說：「老醫生一定是老天爺可憐她當時的情況，特別派來幫忙的。要不然，爲什麼後來怎麼就找不到人了。」

滿週歲前的小文，比起一般足齡產下的嬰兒，吃了更多的苦頭。郁文也比一般母親付出更多心力來照顧這個上天給她的第一個寶貝。

在經歷這麼多磨難後，郁文呵護著小文一點一滴的長大。對於從來沒有帶過孩子的郁文來說，一切發生在小文身上的事都是那麼新鮮、有趣；郁文跟著小文七坐八爬九長牙也逐漸地長大了，不過偶爾會鬧一些笑話。

有一次，小文在院子裡跟鄰居小朋友一起玩耍，不小心跌倒哭了。郁文聽到哭聲趕忙跑出來看看發生什麼事？只看見小文用手摀著膝蓋喊痛。

郁文心疼用手幫忙搓揉，一揉之下，發現不得了啦！

「啊！」郁文大叫一聲。

鄰居也跑出來，以爲郁文也受傷了，趕忙問：

「怎麼啦？」

「我家小文膝蓋摔壞了！」郁文又驚又氣地回答。

「怎麼可能，只是跌倒而已！」鄰居不相信。

「妳看！她這個膝蓋前面有一個圓形的骨頭會動！骨頭不是應該硬的不會動才對！」郁文很生氣鄰居不相信：

「我得趕快帶她去醫院找大夫看一下。」郁文一本正經，很嚴肅的發表診斷聲明。

鄰居一聽，差點沒笑得岔了氣：「何太太，您先摸一下自個兒的膝蓋骨，看看會不會動？」

郁文沒好氣的站起來摸一下自己的膝蓋：

「嘿！這可奇怪了？我的膝蓋骨頭也會動！」

就這樣，郁文，從一個不食人間煙火的千金大小姐隨著歲月與經驗的累積，與自己的孩子一起慢慢長大。

七、返鄉省親

一轉眼，小文都快二歲了，郁文還沒見過婆婆。

他們結婚的時候，正好紫筠的二弟也在差不多相同的日期結婚。何家喜事連連，當然是一件美事，可是紫筠父母，不能同時參加兩個婚禮。紫筠是長子，就由何老先生來主婚，何老太太爲次子主持婚禮。後來因爲一二八，九一八事變，接踵發生，中國的北方陷入紊亂的局面。紫筠非常惦念家鄉一切，最近又少有家鄉音訊，所以很想返鄉省親。

夫婦倆人帶著小文和簡單的行李，踏上回鄉的路途。在搭乘火車之前，他們想步行走過蘆溝橋，因爲，久聞蘆溝橋上的石獅子，是舉世無雙的藝術品，總沒有機會仔細欣賞，正好藉此機會瀏覽一番，更可以省下人力車錢。

正當他們一邊走一邊看的時候，郁文發現地上有一個布包袱，撿起來一看，發現裡面除了幾件舊衣服外，還有一些袁大頭銀幣和兩張票面很大的銀票，那絕非一般泛泛銀票，看起來像是變賣田地房產後折合的銀票，價值完全同現金一樣值錢。那一定是爲了攜帶方便而準備的。那時候的銀票是不具名的，任誰都可以拿去換錢。

他們想：「這一定是哪個逃難者的全部家產」！

紫筠夫婦決定拿著布包袱在路邊等，失主一定會返回來尋找。

　　他們坐在橋上一個石獅子旁，等了一段時間，果然看見一個中年人，推著一輛單輪的雞公車。

　　車上坐著一位老太太，還放著一個大包袱，那中年人驚慌的一面走一面東張西望，那位白髮蒼蒼的老太太，一把鼻涕一把淚的哭著，嘴裡不住的說：

　　「這可怎麼得了呀？這上哪去找啊？」

　　「都是我該死沒拿好，給掉了都不知道。」

　　紫筠知道這一定是失主，迎上前去問：

　　「你們是不是丟了甚麼東西？」

　　老太太哭著：「都是我該死，把個小包袱給丟了。」

　　「瞧你老人家急成這樣，我倒是撿到一個小包袱，能不能告訴我那包袱裡都有些甚麼東西？」紫筠接著說。

　　「有兩件藍布小掛兒，有一件的右邊大巾上補了一個黑色的補丁，還有十七塊袁大頭和兩張銀票。」

　　紫筠怕老人家繼續傷心，趕忙搶著回答：

　　「好了，好了，不必再說了，我確定這是你們的。」一邊說一邊從郁文背後拿出包袱來交給他，一邊說：

　　「你看一看，對不對？」

　　老太太的兒子接過布包看見裡面一樣也不少，感動的要把那十幾塊袁大頭給紫筠，以表示謝意。紫筠和郁文異口同聲的說：「不可以！我們一毛錢都不要，快推你媽趕路吧。」

　　紫筠夫婦終於卸下重擔，帶著幼文，輕鬆地繼續往火車站走去。

　　走著走著，他們看見橋的石欄杆邊的地上，坐著一個衣履襤褸的婦人，懷裡抱著一個嬰兒。

　　嬰兒的衣服上插著一根麥管，麥管頂端打了一個圈（當時習慣把麥草打一個圈圈插在一個人的衣領上或頭髮上，表示要賣身。當遇上年頭不好，沒辦法過日子，就會賣自己孩子，在街頭路邊坐著等人來買。），在婦人的旁邊坐著一位白髮老先生，兩手摀著臉，頭低得幾乎碰到了大腿，肩膀顫抖著，加雜著幾乎聽不見的啜泣聲。

　　郁文聽見那婦人說：

　　「爹，別哭了！」

　　「想想，說不一定這孩子命好，遇到個善心人，比跟著咱們受苦好啊！咱們到保定找著強哥，安定下來，不愁再給您生個胖孫子。」

　　「您不一心就想著能見著您兒子嗎？這到保定還有百十來里路得趕呢！我抱著個孩子，怎麼攙您啊？要是見著強哥，看見我沒照顧好您，非休了我不可！」

　　郁文這才弄清楚，原來是媳婦為了公公，不惜賣掉自己的骨肉，不覺的掉下眼淚來，她口袋裡只有兩塊錢現大洋，毫不猶豫的掏出來給了那婦人，婦人以為郁文要買她的孩子，收下了郁文的錢，一邊戀戀不捨地要把孩子交給郁文。

　　「我个要你孩子，我自己有一個，這錢給你們用。」郁文紅著眼圈說。

　　沒想到那婦人竟說：

　　「那可不行，我不能白拿大善人的錢，我非把這孩子給

人不可，爲得是趕路方便，您就收下這孩子吧！這孩子如果能跟著您，一定會享福的！」

紫筠趕忙來給郁文解圍，說：

「孩子他媽，我們眞的沒能力養兩個孩子，那兩塊錢妳就收下吧！你們就在這兒再等等。你看這孩子長得眉清目秀，是個福相，說不定會有想要孩子的過路人，把孩子收下。我們還得趕路呢。」說完連忙把猶疑不決，有意收留那孩子的郁文給拖走了。

紫筠一路走、一路安慰郁文：

「好伙計！妳身子這麼差，小文一個人已經夠妳累了，要是再加一個，把妳累垮了，那可怎麼辦？」

「妳不是已經給他們錢了！他們自己會想辦法到保定去。不用擔心，他們一定會遇上沒孩子而又想要孩子的人。我身上的錢，僅勉強夠咱們回汲縣的路費，不然我會多給他們點。」

郁文只是不住的掉著眼淚，默默地跟著紫筠往火車站走。

當年有一首花鼓歌，字裡行間道盡了當時人間哀怨：

「說鳳楊，道鳳楊，鳳楊本是好地方，」
「自從出了朱皇帝，十年倒有九年荒。」
「咚的隆咚鏘！咚的隆咚鏘咚鏘鏘鏘！」
「大戶人家賣驢馬，小戶人家賣兒郎，」
「奴家沒有兒郎賣，身背著花鼓走四方。」

「咚的隆咚鏘！咚的隆咚鏘咚鏘鏘鏘！」
「看前方雪白茫茫，母女相依守淒涼。」
「嘗盡人間辛酸事，飢寒交迫淚汪汪。」
「咚的隆咚鏘！咚的隆咚鏘咚鏘鏘鏘！」
「大地瓜落的咚咚響，破陋的裙子替我藏。」
「千山萬水有時盡，何年何月回故鄉。」
「何年何月回故鄉，回故鄉！」

　　紫筠老家是河南省汲縣，在明清兩代稱為衛輝府，後改為汲縣，然後又改為衛輝市。汲縣位於河南的北部，在黃河的北岸，地勢較黃河南岸其他各城市高，擁有地理環境的優勢，歷年來幾乎沒有受到黃河氾濫的侵擾，農作物富饒。

　　汲縣東接齊魯，北通神京，是魯西、冀南、晉東地區重要商品集散地，歷史上素有「南通十省，北拱神京」之稱。

　　汲縣的居民，雖多半務農，但亦多為世代書香子弟。

　　汲縣的百家姓堂號共有三十二個堂號。何家的堂號為陳郡，源流於東漢陳郡；南朝宋陳郡；後魏陳郡。其他堂號均有多種姓氏，但陳郡只有何姓一個姓氏。

　　家族人口眾多，田地數百甲，就僅何紫筠家的家族，就有近百人，田地近百甲，種植小麥、玉米、花生、芝麻等等。每午各項莊稼收成，吃飯時間必須敲鐘召喚。

　　紫筠的父親，何家昂老先生，曾任開封農校的校長。擅長用口叼毛筆書寫，寫出漂亮的真、草、隸、篆等各樣字體。最小的字型，約半寸大小，深受鄉里讚賞，常有人登門

求字，據說開封博館內也有收藏。

紫筠夫婦帶著孫女小文返鄉，受到二老及弟弟、妹妹熱烈的歡迎。

郁文在未見到婆婆前，一直非常擔心。

因為她聽紫筠說：「何老太太是一位非常保守傳統的中國婦女。」

郁文心想自己的頭髮，可能就過不了關。因為一般鄉下婦女，未婚者多梳辮子，已婚者會在頭後梳個髮髻。可是郁文從婚後一直是燙髮，頭髮彎彎曲曲！郁文心中不斷嘀咕：

「應該把頭髮弄直再出門，這會兒要去那裡將頭髮燙直？也許應該要將頭髮箍起來作個髮髻，可是，王媽從來沒教過如何梳髮髻？」

進入汲縣後，心中更是七上八下，深怕會給婆婆留下不好印象。

何家是漢人，不用旗人的繁文縟節禮儀。郁文知道漢人最大的禮節，是跪拜。雖然，她從沒向長輩行過跪拜禮，但連家篤信佛教，逢年過節均有祭拜，所以至少知道該如何做。當她和紫筠第一次見到何老先生夫婦，雙雙跪行大禮時，郁文舉止十分得體，給初次見面的公婆留下非常好的印象。

何老夫人從沒叫過郁文的名字，也沒稱郁文是媳婦，一直叫她：「俺的兒！」對郁文耿耿於懷的髮型，老太太不但不以為意，反而不斷地讚賞說：「『俺的兒』頭髮又細又軟，彎彎曲曲的，像小羊羔兒的毛似的！」。

長孫雖是女孩，她一點也不嫌棄，非常喜歡抱著小文四

處走，為了怕小文會冷，總是把她揣在背心裡，又叫還未出嫁的獨生女兒，親自給幼文作了一個貼身的小肚兜，上面繡著「童子採蓮圖」。

郁文從婆婆身上得到那份慈祥的母愛，勝過自己的母親，可惜她跟婆婆相處的時間太短，只有幾個月，離開家鄉後，就再也沒機會見到老人家了。後來郁文用從家裡帶出來一張婆婆的相片，找人比著照片畫了一張非常大的畫像，框起來掛在臥室的牆上，天天都能看見。

小文常聽她母親告訴她說：「奶奶多麼疼愛她，多少次遇到急難，都能逢凶化吉，說不一定就是奶奶在為她禱告！」這幅婆婆的畫像一直跟著郁文輾轉來到台灣，一直掛在臥室裡，郁文老年時還跟外孫說過這段往事。

郁文曾聽紫筠說，公公能用口叼著毛筆寫字。正巧，有一位鄉親，請何老先生寫一副輓聯。郁文協同紫筠幫忙做準備工作，把一條白綾鋪在堂屋的大八仙桌上，把筆架好，紫筠開始研墨，磨到適合的濃度，一切備妥後，紫筠才把父親請出來。

何老先生把毛筆蘸上墨汁後，就把筆桿叼在嘴裡，開始搖頭擺腦的寫起來。郁文從來沒見過這樣的景象，覺得非常新鮮有趣，老先生每寫完一筆，紫筠就會非常小心用雙手拉著綾綢移動一下，綾綢必須保持平整，絕不能起皺紋，這樣才能讓老先生一個字一個字的寫下去。

過了一會兒，郁文不看公公寫字，倒注意起丈夫的舉動！

只見紫筠拉著袯綢，順著桌邊往下拉，本來是站著，慢慢地、慢慢地坐在地上，然後往桌子底下挪，最後，整個人竟然拉著那段白袯鑽到桌底下，躺了下去。

郁文越看越覺的紫筠的樣子，非常好笑！

可是在公公面前，怎能如此失態，這種場合大笑是很不禮貌的行為！郁文只好憋著氣，但是越看越覺得紫筠的動作實在太滑稽了！

郁文肚子裡憋著的笑氣，讓她覺得連肋條骨都在跳舞了！糟糕！非要笑出來不可了！

郁文連忙往外跑，正好撞上走進來紫筠的大弟弟，兩人不約而同的「啊！」的一聲，驚動了紫筠和父親，使何老先生的筆失去控制，在眼看即將完成的輓聯上，畫了一個大尾巴！前功盡棄！

老先生可能對新婚的媳婦兒不好意思發脾氣，郁文只聽到公公乾咳嗽了幾聲，說：

「去！再拿塊袯子來。」

郁文闖了禍，甚麼都顧不了了，跑進自己的屋子裡，把房門關上，敞開來笑個夠！後來跟孩子們說的時候，還會笑個不停！

郁文對於汲縣的鄉音，也特別有興趣。北平人的國語發音「ㄓ」、「ㄔ」、「ㄕ」捲舌音說得非常清楚。紫筠因為在北平讀書，雖然改了很多鄉音，但是基本的「ㄓ」、「ㄔ」、「ㄕ」總是會不自覺地發音成「ㄗ」、「ㄘ」、「ㄙ」。吃飯說成「疵飯」，扇子說成「散子」，知道說成

「資道」等等。

郁文到汲縣以前常常打趣說，紫筠不發捲舌音，是嫌捲舌麻煩！來到家鄉才發現，這裡的人，不但如此，連「ㄖ」也說成舌尖音，聽起來非常有趣！

河南人說話不發捲舌音，所以無論河南人國語說的有多麼標準，就是唯獨發不出ㄓ、ㄔ、ㄕ、ㄖ的音來。更有趣的是，汲縣人把一些名詞後面所加的「子」這字，都說成「ㄉㄟˇ」。

譬如：桌子變成桌「ㄉㄟˇ」；筷子變成筷「ㄉㄟˇ」；盤子變成盤「ㄉㄟˇ」；房子變成房「ㄉㄟˇ」等。

有一首當地小曲兒，郁文經常以此自娛：

「大嫂ㄉㄟˇ！」

「欸！」

「二嫂ㄉㄟˇ！」

「欸！」

「咱去那楊州欸，看花燈呀嘿，欸嘿呀呼嘿！」

紫筠每次聽見郁文唱此小曲，都會笑個不停！因為生性天真的郁文，不但一邊唱，還有時會加上表情和動作，模樣實在引人發笑！

八、空襲警報

紫筠夫婦離開汲縣後，本來打算回北京，但聽說日本人已經佔領北方，因此爲了躲避戰亂而改去大後方的四川省。

在四川省萬縣，紫筠找到一份穩定的工作。由於他平日對電機很有興趣，買了不少有關電機和無線電的書籍自己研究。下了不少功夫，這次政府的鹽務局招考機務員，紫筠竟然考取了，工作地點在四川省的五通橋。

距離赴任到職的日期還有一個多月，考取的員工們就已經領取了預支的部份薪資以便準備搬家等事情。這對紫筠一家來說，實在是件值得慶祝的事。

多少日子以來，他爲了尋找工作而疲於奔命，也不知道碰了多少壁！總算有了著落，一直漂浮在半空中的心，也定下來了。在出發之前，體貼的紫筠抽空帶著郁文母女到萬線的市集上去逛逛。

萬縣是四川省的一個小縣，在長江的北岸。

當地的百姓都非常樸實忠厚，當地的風景也不錯，是個山明水秀的地方。那天正巧是縣城裡大壩子上有市集的一天。附近居民都來這裡趕集。

紫筠也興致勃勃的帶著郁文和兩個女兒來湊熱鬧。並且準備招呼郁文母女吃頓館子，也算是慶祝他得到了這份好差事。

那天天氣很好，所以市集上顯得更熱鬧了。傳統的市集也有農人牽著牛和豬來找買主。有不少青菜水果的攤位，

生意都非常好。布莊老闆的棚子裡招來了不少大姑娘、小媳婦，她們站在那裡有的比手劃腳，問東問西的；也有抿著小嘴，無限嬌媚的問著價格，惹來了不少年輕小伙子站在一旁發呆。

突然間……

「嗚……嗚……」空襲警報的汽笛響起來。

警察吹起了哨子，命令大家趕快疏散。

一時間，收攤的、拉布棚的、有挑起擔子往家中奔跑的；大人叫；小孩哭；壩子上亂成一團。

萬縣在以往的日本空軍轟炸中，從來沒有砲彈擊中過這個小地方。每次聽到空襲警報，居民們多半站在空曠的地方，看看會不會有敵機經過。

雖然政府在後方各地，不論大小城鎮，經常實施空襲警報演習，並且到處展覽被日軍轟炸地區殘酷可怕景象的照片。可是，因為沒有人親臨其境過，大家對於空襲的可怕並不能完全體會。所以很多人不願意鑽進又小又擠，空氣又齷齪的防空洞或防空壕去。

不過，這次警報好像有些不對勁。

也許是第六感的驅使，紫筠不由自主地抱著小文，牽著背小筠（次女）的郁文，往半山腰的山洞奔跑去。那裡有一處名為「叫化岩」的地方，全部都是天然石洞，並且名符其實的住了不少叫化子（乞丐）。

還好紫筠牽著郁文跑得快，很多人還沒有來得及跑進山洞呢，就已經拉起緊急警報。

「嗚……嗚……嗚……嗚……嗚……嗚……」

接著就聽見飛機的聲音。

這次日本飛行員竟然一反常態，在萬縣附近丟起了炸彈。紫筠叫郁文與小文用手指把耳朵堵起來，張開嘴巴………。

從山洞中往外看剛才的市集，只看到炸彈不停的從飛機上掉下來，轟隆！轟隆！震耳欲聾的聲音，在山洞中迴響，郁文拉著女兒縮瑟在紫筠強有力的肩膀下。

郁文覺得整座山好像被大榔頭用力地敲打著，每次敲打，身子也跟著受到震動，整個胃蠕動、翻轉，彷彿天旋地轉。

她望著遠處山下，看到了一些意想不到的景象。

凡是飛機飛過，扔下炸彈的地方，就會有整片的屋頂和大樹跳起來升到半空中再落下去，揚起一陣陣的煙霧，還有一些小小的東西看不清楚是什麼，從下面飛起來又落下去。

整個萬縣被塵霧和火光籠罩住，什麼也看不清楚。

這種好像天崩地裂的混亂，不知持續多久，漸漸地，一切都靜下來。

飛機已遠去了。

躲在「叫化子」洞裡的人漸漸開始探出頭來，看看外面的狀況。大家都被這次意外的轟炸給嚇呆了！誰也不敢走出去。

解除警報汽笛響了許久許久以後，才有幾個比較大膽的人拖著顫抖的身子，慢慢地走出山洞。

　　小文的手指頭好像已經黏在耳朵上似的，兩隻小手已經僵硬了。爸爸輕輕的把她的雙臂放下來，告訴她，他們也該回家了。

　　郁文和小文從來沒有遭遇過轟炸，她們都被嚇呆了。紫筠曾經參與過北伐，瞭解戰爭的可怕，他很有耐心的等郁文回過神來，輕輕的、溫柔的說：

　　「伙計，妳把眼睛閉上，拉著我的手臂。咱們回去吧！」

　　「小文啊，爸爸背妳下山去。妳睏了，閉上眼睛，就趴在爸爸背上睡一會兒吧！等一下就到家了。」

　　紫筠寬厚而且又有彈性的背，此時比床還舒服，小文趴在爸爸背上很快就睡著了。

　　紫筠牽著郁文慢慢地走下山來，郁文心裡七上八下，全身發抖，還好有經驗的紫筠一路上不斷告訴郁文：

　　「來，往右邊走……」

　　「往左邊去一步……」

　　「把腳抬高一點……」

　　「腳步跨大一點……」

　　「等一下……」

　　「往旁邊橫跨一大步……」

　　郁文把眼睛閉得緊緊的，絕對不敢睜開眼睛。耳邊聽見盡是一片哭天喊地，痛苦的呻吟聲，腳下的土，踏起來好像也跟剛才躲炸彈時不一樣。不敢想像周圍人的樣子，光是聽聲音，郁文就快要哭出來了。

　　紫筠雖然參加過北伐，打過仗，但是那是軍人對軍人的戰事。目前躺在地上血泊中的，都是手無寸鐵的平民老百姓，太殘忍了，太可怕了。

　　紫筠擔心郁文會忍不住睜開眼睛，不時還提醒郁文：「伙計，可千萬別睜開眼睛。」

　　郁文的手抓的更緊，不敢放開。

　　紫筠看看周圍心想：「地獄也不會比現在更可怕！」肢體不全的屍體遍地都是，重傷的人在地上呻吟、爬著……受輕傷的和剛從「叫化岩」下來的人四處跑著、哭喊著……。一個嬰兒在已無生氣的媽媽身邊爬來爬去，嘴裏不斷的叫著：

　　「媽媽！媽媽！媽媽！媽媽！媽媽！」

　　有人還沒有斷氣，伸手要紫筠救他，此刻的紫筠心已經麻木了，他只知道，現在他唯一的責任就是把妻兒平安的帶回家去。

　　然而，家已經成了什麼樣子？他想都不敢想。

　　終於走回家了。

　　幸好他們租的房子沒受太大的影響。窗子被震壞了幾處，屋頂的瓦掉下來了不少，但是房子還在。

　　房東一家人也都平安。

　　郁文這時才想起來背上的小筠。天哪！幾乎快六個小時沒有動靜了。

　　趕快請紫筠幫著解開背帶，放下小筠來，大家都嚇呆了。小筠緊閉著眼睛，小手小腳全是冰涼的，處在昏迷狀態中。

郁文心痛地忍不住哭出聲來，一邊喊著：

「小筠、小筠，醒醒啊！媽媽要給妳吃奶了！」小文從來沒有見過媽媽如此歇斯底里的哭叫過，被嚇得也哭出來了。

房東太太聽到哭鬧聲音跑過來，摸了摸小筠的胸口，還在跳動，鼻間仍有微弱的呼吸，連忙說：

「有得救，有得救，莫要哭！我去燒點薑湯水給她灌下去試試看。」

好心的房東太太，把薑湯水拿來了。爸爸硬著心腸把小筠的嘴撥開，媽媽用小湯匙慢慢地一杓一杓地往孩子嘴裡灌。

大概灌了十幾杓左右，房東太太說：「夠了，夠了，歇一下再看看。」可是小筠仍然沒有任何動靜。

房東太太又送來一些米飯和一點榨菜炒肉絲。

紫筠和郁文守在小筠身邊，誰也沒有胃口。小文看見爸爸媽媽都坐在床邊，不來吃飯，雖然小小的心靈裏不知道究竟是怎麼一回事，但受了這種沈重氣氛的感染，也靜靜的坐在媽媽身旁，眼睛卻不時偷偷地看飯桌上的東西。

郁文知道孩子一定是餓了，就跟她說：

「乖，妳先去吃吧！請爸爸替妳盛點飯，挾些菜，好好吃了，就去睡覺。」

紫筠給小文盛好飯菜放在桌上。小文悄悄的走過去，自己爬上了凳子，端起飯碗來，狼吞虎嚥的吃起來。吃完了飯，沒人替她洗手洗腳，她自己一個人爬上了床，悄悄的躺下來。

今天，沒有人給她說故事，也沒有催眠曲，可是她還是很快的就睡著了。

紫筠給郁文倒了一杯開水，她喝了幾口就放下了。把小筠抱起來，她知道孩子是活的，一定是活的，可是小小的身子軟軟的，安靜的可怕，連小便都沒有。

原本哭鬧的大街上已經慢慢的靜了下來。草地裡的小蟲又開始吹奏牠們的交響樂曲，白天所發生過的一切，對牠們好像什麼影響都沒有。

牠們的同伴中是否也有不少被炸死的呢？

牠們的家是否也有破碎的呢？

然而，牠們現在仍能悠閒自在的唱著小夜曲。

唉！郁文心裡想：

「也許生為昆蟲要比人類好多了！」

更夫已經敲過三更了。

郁文抱著昏睡的小筠，目不轉睛的看著孩子，好像這麼望著她，她的眼神會把一種力量注入孩子的身體內，能幫助她快點甦醒過來。

紫筠心痛的看著女兒和愁容滿面的愛妻，不知如何是好？可能是無比的母愛，終於獲得了上天的憐憫與同情。祂不忍見到一顆善良的慈母心，因失去愛女而破碎，終於將小筠從死神手中帶回來。

小筠的身體開始輕微的蠕動了起來，好像要哭，可是哭不出聲音來。郁文趕快給小筠吃奶，高興得想大聲的叫，痛快的哭一場，可是她一點也不敢出聲，唯恐把剛甦醒過來的

孩子嚇著。

　　淚！一滴一滴，慢慢地，無聲無息的爬出了眼眶，靜靜的滾下了雙頰。

　　紫筠用毛巾替她輕輕地擦著眼淚，一面用強而有力的雙臂從身後擁抱著她，一面在耳邊小聲的說：

　　「好了，孩子活過來了。放心罷，不會有問題了。」

九、刺繡女紅

　　紫筠全家遷到了五通橋。

　　這裡真是世外桃源，四季分明，風景十分優美，跟嘉定、自流井一樣，都是產井鹽的地區。他們住在鹽務局招待所的樓下，招待所傍山而建，向外的一面，是整片的落地玻璃窗，山下美景一覽無遺，並可以望見山下的一所幼稚園。山坡上種著各種不同的花，一年四季都可以欣賞到美麗的花朵。

　　冬天時，雖然有枯樹落葉，但也有長青的樹木。在五通橋沒有冰天雪地的冬天，也沒有讓人熱得喘不過氣來的酷夏。雖然沒有昆明市那樣的四季如春，可是確實讓人深深地愛上它。

　　山坡下小徑兩旁，栽種了兩排高大的梧桐樹，到了梧桐子成熟的時節，小文常和小朋友來到樹下找梧桐子。

　　從梧桐樹上掉下來一個個像湯杓似的梧桐子杓，杓邊上會有兩排褐色的小果實，每邊兩粒或三粒，剝下來可以吃。味道很香、很好吃，起初小文不敢吃，後來禁不起同伴們吃相的誘惑，她嘗過之後，覺得不錯，就跟他們一起加入尋寶的行列。

　　郁文自從搬到了五通橋以後，總算有了安定的生活。有了這麼舒適的住所，真像是進了天堂。紫筠心疼郁文，雇了一位彭大娘來幫忙洗衣服煮飯，郁文除了偶爾上街買菜以

外，就是照顧兩個孩子。

　　她跟彭大娘學會了做酒釀、醃菜乾、做豆腐乳和泡菜等等四川手藝。後來竟然青出於藍，常常親自做了送給紫筠的同事太太們吃。

　　一天郁文帶著兩個女兒，在山坡上玩。花叢中飛舞著各式各樣的蝴蝶，有一種很大的彩蝶，翅膀上閃著深藍色的光澤。上翅的兩邊，綴有幾個鑲著金黃色邊的大黑點，下翅的底邊上伸出來一對小翅，隨著翅膀飛翔，忽上忽下地飛舞著，實在太美了！

　　小筠坐在娃娃車裡，仰著小臉，隨著群蝶轉來轉去，高興的拍著小手，「嗚嗚呀呀」地不知道在說些什麼？

　　小文追著蝴蝶，跑來跑去。她真想捉一隻，帶回去放在牆上，那該是多麼好看啊！

　　可是那些蝴蝶，好像比她聰明，當牠們引誘著小文跑近以後，立刻又姿態優美地飛跑了。小文每次都撲個空，又氣又累地坐下來喘氣。

　　兩個孩子，叫夠了，跑倦了，郁文才把她們帶回家，不久就都睡著了。

　　郁文坐在走廊的大玻璃窗前，腦海中一直浮現出剛才在山坡上看到的景緻。那些大彩蝶的影子，佔據了她整個思想的空間。

　　太美了！真的太美了！

　　她情不自禁的拿出很久沒有使用的繡花針、五彩絲線、和一塊白綢布，她先把白綢布用繡花繃子繃平了，立刻用絲

線鉤出一個輪廓來，然後很仔細的繡起來。

她聚精會神地繡著，到了忘我的境界！她成了那隻蝴蝶，要把自己的影像，如同照片似的印在白綢布上。

樓上住著一位劉老先生，家眷還沒有到。因為時常想念小孫女，所以特別喜愛小文和小筠。今天傍晚他拿了一些從自流井市買來的進口糖果，要送給兩個小女孩吃。他走下樓來，正好看到郁文在繡蝴蝶，看得出神。

郁文終於發覺好像有人站在身邊，她抬起頭來，看見是劉老先生，趕快起身請安：

「不好意思，劉總辦，我只顧著自己繡花，都沒聽見您走過來。」

「請問，有什麼事嗎？」

「沒事，沒事！」劉老先生說：

「妳先坐下，別客氣，我只是給兩個小妹妹拿點糖果來。妳繡的大彩蝶實在太美了！如果不是因為妳有兩個孩子，太忙的話，我真想請妳幫我繡一對枕頭套，送給我的小女兒。她今年底就要出嫁了！」

劉總辦的小女兒，聽說是成都華西大學的校花，又嫻淑又美麗。郁文看過她的照片，覺得她是一位十分可愛的女孩子，再加上郁文對劉老先生有一種父親般的敬愛，所以當她聽到劉老先生的話以後，立刻說：

「沒問題。刺繡是我喜愛的消遣。我很願意為您的千金繡一對枕頭套。可惜我不會繪畫，沒有辦法把蝴蝶畫出來。」

　　郁文不是謙虛，說的是眞心話，因爲她眞的不會畫畫。可是劉老先生卻不以爲然，他說：

　　「如果妳能畫，那麼妳畫的每一隻蝴蝶，恐怕都會從紙上飛出來！刺繡可以用針和線把這些漂亮的蝴蝶釘在布上，飛不走。」

　　「妳願意幫我這個忙，明天有人去自流井，我請他們帶些粉紅色的細綢來，就麻煩妳了。好不好？」

　　郁文非常高興地滿口答應了。

　　一轉眼，小文五歲，開始去山下的幼稚園讀小班。她非常高興，天天背著小書包，一蹦一跳地去上學。

　　現在，她不再是只能趴在窗口，看著小朋友們在校園內盪鞦韆、溜滑梯、彼此嬉笑追逐；她已經身臨其境，成爲小朋友中的一份子，跟他們一塊兒唱歌，一起認字，一同遊戲。

　　回到家裡，小文常常模仿老師的樣子，拿著書，有模有樣的教妹妹認字。可是妹妹總是坐不到兩分鐘，就開始搶姊姊手裡的書本和筆，每每嚇得小文夾著書逃跑，唯恐怕妹妹把她的寶貝書給撕破了。

　　有一天，小文放學回來興奮地告訴媽媽，老師要她參加舞蹈。她是散花童子，有一個新娘，一個新郎，還有小老鼠、小青蛙、紡織娘等等。郁文越聽越聽不懂，這究竟是怎麼一回事兒？

　　她只好親自去拜訪老師，這才弄清楚。原來是小朋友們要表演一齣歌舞劇「老鼠嫁新娘」。小文飾演花童。

　　不過，每位演員的服裝均需由家長自行預備。郁文聽了很高興也有點發愁，舞衣到那裡去找呢？

　　女兒第一次參加表演，不但女兒高興，也讓作母親的感到有光彩。所以回家以後，她就開始計畫，想要自己給女兒做一套戲服。

　　在那個時代，很難在商店裡買到這類的衣服。正好劉老先生拿來做枕頭套的粉紅色綢布，剩下很多，老先生早就說過，自己留著也沒有用，送給郁文給孩子們做衣服，現在正好派上用場了。

　　郁文先在腦海中畫出一幅藍圖：衣裙以粉紅色為主，蓬鬆的小短袖，像兩個小燈籠，袖口上鑲著白色的小三角花邊，兩片小圓領，也加上小三角花邊，由領口的中間到裙子的底邊，是一條約一吋寬的白布條，兩邊都夾上白色的小三角花邊。有這些白色的搭配，使粉紅色顯得更豔麗更嬌美。

　　郁文心中有了這個構想後，就開始剪裁，家中有一些細白綢，正好是最理想的花邊材料。一個個的小三角做起來比較費功夫，必須把每一個先折疊好，才能把它夾在要用的地方。那個年代，沒有現成的花邊可買，全憑剪裁者的巧思構想，和一雙靈巧的手來完成。

　　郁文工作了一整晚，天快亮時，才大致成形。

　　可是裙底的邊和鈕釦還沒縫呢！她可是一點倦意都沒有，一心想要把女兒打扮得像一個真正的花童一樣。

　　她記得自己結婚時，紗童穿的就是這樣的一襲粉紅色的紗裙，聽說那是法國貨。現在小文這件，雖然不是外國貨，

可是也很美，並不亞於舶來品，她越看越高興，更沒有睡意了。

小文早上起來，看見衣架上掛了一件漂亮的衣服，以為是灰姑娘故事中的仙姑，昨天夜晚送來的。

當她知道是媽媽給她做的舞衣時，高興的跳了起來，摟著媽媽不住的親吻，她覺得媽媽比仙姑更有本領，因為這件舞衣比灰姑娘的更美，更好看。灰姑娘的裙子上連一個小三角都沒有，她的裙子實在是太漂亮了！她真希望今天就能上台表演，好穿上這件美麗的裙子，讓大家欣賞。

表演的時刻終於到了，小文穿上媽媽做的舞衣，挽著小花籃，在結婚進行曲中，慢慢地走在新郎、新娘前面。右手向兩邊散灑著花瓣，她情不自禁的望了望台下，希望看到媽媽，她要讓媽媽看見她表演的好不好！立刻她很快地就發現爸爸、媽媽。他們就坐在最前排。

小文一點也沒有覺得怯場，因為有媽媽在那裡給她壯膽。這時候很多來賓站起來，用力的拍手，小文好像聽到爸爸、媽媽的掌聲，比別人拍的更熱烈、更響亮。

台下不少母親被這件出色的粉紅色舞衣給吸引住了，這種新的款式，她們好像從來沒有見過，不時從觀眾中，傳來一陣一陣悄悄話：

「這件小衣裳真美！不知道是從那裡買來的？」

「你看那個散花的小姑娘，煞有介事的散著花瓣，好像在做一件非常神聖的工作。」

「她真可愛，不知道是誰家的嬌娃？」

　　郁文興奮地在台下看著自己的心肝寶貝，穿著漂亮衣服，她有股衝動想要告訴全場所有母親們：

　　「那個花童，就是我的女兒。」

十、抗日英雄

抗日戰爭期間，一般的物質生活方面都相當清苦。

每個家庭成員的衣服，都是大的改小的。冬天穿過的衣服到天暖了，就把夾層的棉絮取出，變成夾衣；小孩子長的快，就大的傳給弟弟、妹妹們穿，衣服破了就找塊布補一補；經濟情況稍微好些的，就做一件罩衫，有罩衫穿在外面，那真的是非常體面的事。

如果衣服實在破得無法再穿了，就把還能用的部分拿來補破衣服，那些連補衣服都不夠資格的部分，還可以拿來打布革貝，布革貝除了做衣服之外、還可以用來做鞋，如果有人穿了一雙皮鞋，那就不知道要羨煞多少人！

布革貝是一種民間藝術！也應該算是「資源回收」！

抗戰時候家家戶戶都打布革貝！經濟情況較好的人家，顧用工人來打；一般家庭都自己動手。

家裡的破衣服爛門簾，都是寶貝。一袋一袋的收集起來，集到了一個相當的數量，就把它們洗乾淨收起來。

打布革貝時，必須挑一個天氣好的季節，因為那需要曬好幾天的大太陽！

布革貝的作法如下：

先用麵粉打出一鍋稀稀地糨糊，裡面一定要加一些蠟和明礬，臘是為了讓針容易扎過去，明礬則是防蟲咬。

接下來需要一塊大木板或是門板以及一把大刷子。然後再將所收集來洗乾淨的布頭拿出來。

把門板上先刷一層薄薄的糊糊，再找大片的布打底，鋪蓋在糊糊上，用刷子把布刷平。

如果那塊布不夠門板那麼大，就必須用其他的布，把剩餘的空間補起來，直到鋪滿全板。

如此刷一層糊糊鋪一層布，一層一層的往上加，要鋪幾層是由用途來決定。比方說：做鞋底的比做鞋幫（鞋面）的布革貝層數多好幾層，因為鞋底的磨損量較大。

最後，把完成濕的布革貝放在太陽下曬乾後，從門板上揭下來，就成了漂亮、均勻、平整的布革貝了。

為什麼叫「打」布革貝」呢？這個應該是中華文化裡的一個習慣用字；例如「打情罵俏」、「打領帶」、「打烊」。

說起來好像很容易，其實並不那麼簡單，打布革貝也是一種藝術，因為那些五顏六色的碎布頭，大小薄厚都不一樣，需要像拼圖似的把它們緊密地拼湊在一起，還要注意他們的厚度是否均勻，否則那塊布革貝一定凸凹不平，不能用！

每年當郁文準備打布革貝，幾個小朋友最高興，因為在敲敲打打中，媽媽就像是一個魔術師一樣，可變出好多漂亮花色的碎布頭來。

小文帶著弟弟、妹妹一起幫媽媽剪碎布，由魔術師媽媽決定擺放的位置，一片片不同顏色的碎布，在郁文的巧思

中，慢慢的形成一個漂亮的幾何、抽象的圖片。

接下來，是孩子們最喜歡的敲打時間，郁文也樂得讓孩子們一邊幫忙、一邊玩耍。

民國三十多年，世界各地正在風靡著業餘無線電台。

很多在無線電方面有專長的人，大多都會在自己家裡搭設一個小電台，聯絡世界各地同好，相互磋切。非常相似現在網路世界的部落格。他們可以坐在家中用無線電，跟世界上任何一個國家的人通話，跟每個地方第一次通話的人，都會彼此相互贈送一張明信片，作為紀念。

如果能收足全世界六大洲的明信片，世界業餘無線電協會將頒發一項特別榮譽獎狀，以資鼓勵，紫筠擁有好幾張獎狀！所以被當時的業餘無線電界稱為是「老火腿」。在中國，當時有不少像這樣的「老火腿」。

業餘無線電協會把世界各地國家名稱，做為每個電台代號的第一個字母。例如中國的代號是C，把中國劃分成不同的區域，那時陝西省被劃為第六區，最後加上自己專用的呼叫名稱，以兩個英文字母代替為限。

紫筠的電台名稱是「C6TW」，郁文也有一個呼號，是：「C6OL」，因為她自稱是老連。小文也愛湊熱鬧，因為她名字的最後一個字，取了母親的「文」字，所以她是「C6YL」。

　　小文常回想起那段美好的日子，她跟著爸爸、媽媽一起，和那些不知肥瘦高矮的叔叔、阿姨們，在空氣中天南地北的聊天，非常有趣。只要她聽道，父親在說：「哈囉！哈囉！這裡是「C6TW」，請回答。」就會立刻跑過去，站在父親身旁。

　　有時突然受到氣流的干擾，頻道改變，剛聯絡上的一個從未聽到過的電台，在一陣「喀啦！喀啦！」聲後，突然消失，紫筠會無奈的說：「唉！Distortion！」

　　紫筠為了方便與世界各地火腿通話，發明了一種自動呼叫器。安裝了那個自動呼叫器，由它代替呼叫，這樣就可以同時跟已經聯絡上的朋友繼續交談，等看到呼叫器有回應訊號時再回應。

　　紫筠利用作廢的塑膠唱片的中心，把外圍切除，在唱片的邊緣上刻出高低長短距離不等的鋸齒，另外有一根棍子，當唱片轉動時，這根棍子就循著唱片邊緣上的那些鋸齒慢慢移動，就會發出快慢不一的「滴噠」聲，如同在打電報一樣，把訊息傳送出去。

　　若有人回應，會在喇叭中傳出「滴滴噠噠」的聲音，也會有一盞小小的燈泡開始閃亮光，接著，就看見紫筠神彩飛揚，十分興奮地打開話筒，開始跟對方說話。

　　這些業餘無線電家，彼此稱作是「空氣中的朋友」！

　　他們在空氣中見面，就像是多年的好朋友，除了切磋知識以外，還會互道家常，擺起龍門陣，歷史文化，風土人情幾乎無所不談。並且，他們也都是肝膽相照，真摯相待的朋

友，個個都是古道熱腸的正人君子！當你需要幫助的時候，只要是能力範圍所及，他們一定全力以赴。

抗戰勝利，日本投降的消息傳來時，全民歡騰欣喜若狂！連著好幾天，到處都可以聽到鞭炮聲，此起彼落！八年來的苦難沒有白受，我們終於得到了最後的勝利！百業開始復甦，流離失所的家人，開始彼此聯絡而得以再團聚。

郁文與失去聯絡很久的北京親戚聯繫上，卻獲得心碎的答案：郁文的父親過世，弟弟慘死，哥哥失蹤。只有年邁老母親帶著寡居的弟妹，以及丈夫下落不明的大嫂和哥哥唯一十歲左右的兒子住在貧民窟。

原來，在勝利的前兩年，日本人找上了連老先生，非要他出來擔任唐山縣的縣長。本來連老先生就算粉身碎骨也不會答應做日本人的走狗。但是，當他發現他的兩個兒子，連振東和連復興，竟然都參加了抗日地下活動，他覺得以縣長的身份正好可以掩護他的兒子們和那些熱血的地下工作者，所以連老先生才接受，以便藉由工作會同兩個兒子醞釀反日行動。

當時，連老先生接受了這份職務，完全得不到親友們的諒解，大家都迴避他，不再和他來往。

老先生上任後沒多久，因為得不到親友體諒，心力交瘁，不久就去世了。抗戰勝利的前一年，連振東和連復興的計畫即將成熟的前夕，不知怎樣，竟然走漏風聲而被日本人發現了。

走漏風聲的消息傳到振東的耳中，他還沒來得及通知弟弟和相關人員，就被朋友給帶走了。留下來不及通知的母親、

妻子，以及他唯一的兒子和志同道合的弟弟。後來，雖然抗戰勝利了，仍沒能見到他回來。是生？是死？一直是一個謎。

日本人得到消息後立刻大肆逮捕，連復興首當其衝，被押入憲兵隊大牢裡。他的家人被趕出家門，諾大的宅院被充公，他那可憐年邁的貴族母親，帶著兩個媳婦和孫子，被迫搬進了這輩子從來也不會想過的大雜院裡！

日本人對連復興恨之入骨，所有殘酷的刑罰與折磨，幾乎全用在他身上，想逼他招出連振東和其他漏網的抗日志士們。可是，從頭到尾，連復興一句話都沒說。

最後……

日本人爲發洩心頭之恨，把已經被折磨得體無完膚，不成人形的連復興，整個人活生生地丟進一桶硝酸水中，連復興全身被硝酸蝕化了，最後頭髮也不見了，全都化成縷縷清煙，消失了……

郁文知道這一連串不幸的事後，受不了打擊昏厥過去。

當郁文恢復知覺後的第一件事，就是要想辦法找到她的母親，大嫂和弟妹，把她們接到西安來，紫筠也完全同意。

紫筠立刻開始著手和北平的火腿們聯絡。

問題是他完全不知道岳母的住址，只知他們住在天安門附近，這線索實在太模糊、太渺茫了，唯一的目標是：

「有一位老太太和兩位媳婦及一個十歲左右的小男孩子住在一起，他們住在天安門附近。」

雖然火腿們非常熱心，也費了將近一年的時間，才終於找到紫筠在空氣中所描述的老太太模樣。

　　好不容易，北平的火腿族們終於說服老太太「試試」用無線電跟親人說話。

　　要通話的前一天，郁文緊張地睡不著：

　　「一直在想，要如何勸母親搬來西安跟她一起住？」

　　「心裡又擔心，母親會不會生氣，怪她都不回家？」

　　一會兒又回想起小時的大堂屋，看到王媽在幫母親倒茶；回到出嫁的前一天，母親跟她說的話；想到了父親，眼前又是一片朦朧……

　　一大清早，郁文擦乾眼淚，不敢讓紫筠看到，怕他擔心。先打開無線電，等著北平方面的呼叫……

　　到了約定的前一刻，郁文全身發抖，當她聽到多年沒聽過的母親聲音時，幾乎完全崩潰了！嚇得紫筠拿不定主意，是否還應該讓談話繼續下去。

　　郁文好不容易才把情緒穩定下來，告訴母親，她和紫筠的心意，希望接老人家到西安來住。

　　另一端傳過來母親清楚的聲音，語氣中沒有激動，聽不出是高興？還是生氣：

　　「孩子啊！我現在很好！還用不著跟女婿一塊兒住，謝謝你們的美意了！」

　　無論紫筠、以及北平的火腿族們如何勸老太太，連老夫人非常堅持的關上麥克風。

　　失落的郁文，坐在冰冷的無線電機台前，再一次，淚珠不聽使喚的決堤。紫筠靜靜地坐在旁邊，不知道該說些什麼，就讓郁文哭個夠罷……

十一、定居台灣

　　對日抗戰勝利後沒多久，又遇到國共內戰，空軍準備撤守陝西遷往四川。當時國內一片紊亂，又造成了像抗日戰爭時期的大逃難，也有不少人趁機大發國難財。紫筠當時在空軍第三供應分處通訊器材修理股擔任股長職務，舉凡有關通訊機械的修護或裝配，都由該股負責。

　　對於所有經手的通訊器材及裝配零件，紫筠都會分門別類的詳細紀錄，並經常隨時核對。一般工作人員也都知道，一切均有帳可查，若是無緣無故缺少了一些，紫筠一定會知道。

　　撤退前紫筠發現帳目與實際盤點數量不一致，詢問所有相關人員，每個人都表示自己是清白的。紫筠沒有辦法，便命令全體人員把所有不能帶走的器材，就近在空曠的地方分類堆集起來。一開始，大家不明白他們的股長要做甚麼，也有人以為是為了方便作買賣，他們參與工作的人員自然一定有利可圖，所以工作得十分賣力！

　　沒想到搬運工作完畢後，紫筠把那一堆堆不能帶走但是可以變為黃金的通訊器材，全部都澆上了汽油，點火把它們燒毀了。

　　紫筠很清楚，身為軍人，在內戰期間，大型通訊器材帶不走，也不能留下來給敵人用。燒掉，雖然心痛，但也是身為股長不得已的決定，總比讓有心人拿去發國難財要好。

即使紫筠已將不能隨著軍隊帶走的器材就地銷毀，但是到台灣後，居然還有人謠傳說：「紫筠家是帶著一臉盆的黃金到台灣來，可是他非常會裝窮！」這話傳到郁文耳中，她覺得真是荒謬無稽。郁文從小是在金錢堆中長大的，可是，她從來沒重視過金錢，她認為若把金錢和良心放置在她心裡的天秤上，良心的平安絕對重過金錢！她有一位志同道合的終身伙伴，是多麼幸福啊！

終於要撤退了！

他們先從西安乘飛機到漢中，那天他們連夜到機場去等飛機，飛機清晨才起飛，他們和很多人都在停機坪的廠棚牆邊打地鋪，睡在又冷又硬的水泥地上。

第二天，天還沒怎麼亮，人夥兒就準備上飛機了。

昨夜，他們每個人都是和衣而眠，蓋著棉被，倒還暖和，現在離開被窩，雖然穿著棉襖、棉褲，再加上羊皮大衣，還是覺得寒氣透骨，冷得打顫。

這是郁文帶孩子們第一次坐飛機！

聽紫筠說那是一架運輸機，那時的運輸機有三個螺旋槳，機艙裡沒有座位，比現在的客機窄多了，地上和機艙牆壁上都有很多鐵環，用來固定中間放置的物品。他們的行李就都堆在機艙中間，用皮帶固定在那些鐵環上。

人們在兩旁，或站或席地而坐。飛機引擎聲音非常大，就算有人在你耳邊說話，也必須大聲吼叫才能聽見。

好不容易到了漢中，紫筠帶領的人馬被安置在一所大醫院後面的病房裡。

局勢變化得很快，紫筠又受命帶領人員及眷屬去成都市。

於是紫筠帶著通信器材修理股那些願意繼續往四川撤退的人員和他們的家眷，分乘兩輛沒有蓬的大卡車，準備從秦嶺進入四川。

他們把行李先放在車上，然後，年紀大的老人，小孩子和體弱的婦女們上去坐在中間，年輕力壯的人都坐在外圍四周，保護著中間的人，免得在途中轉彎時會跌落下去。下雨時，大家用手拉著帆布為中間的人遮雨。有時，山路迂迴彎曲，從上往下望去，很像一條蜿蜒的蛇。有的地方窄得讓人不禁捏把冷汗，轉彎時更好像隨時會把車上的人甩出去。

本來秦嶺有不少名勝古蹟可尋訪，這是一個千載難逢的好機會，但大家在奔命逃難的路途中，誰會有那份閒情逸致，只盼望能早到成都，找到棲身之處，過幾天安靜日子。

白天坐在卡車上，飽受寒風洗禮，偶而停車，大家下來方便，舒展一下腰腿，在那極短暫的時間內，拋開一切煩擾，盡量讓自己沈浸在大自然中，滿山蒼松翠柏，松濤陣陣，使大家暫時忘卻種種不如意！

旅途中每個人都祈禱：「千萬不要下雨。」並非為了下雨坐在沒有車篷的卡車會比平常更辛苦，而是為了山路陡峭，下雨路滑，極有可能因為下雨土石鬆動翻落山谷，所以遇到大雨天，只好停住而拖延了行程。所好上天垂憐，保佑大家平安地翻過古人所謂：「蜀道難，難於上青天」的秦嶺！

在翻越秦嶺的旅程中，劍閣給郁文和孩子們留下了最深

刻的回憶。在那裡，幾乎丟掉了她的大兒子。

　　大概因為劍閣是一個有名的景點，他們所投宿的那家旅館是他們一路上所住過最漂亮的一家。有一座種著小樹的中庭，房間圍繞四周。這次，也許是因為房間多，他們每家都可以住進一個房間，雖然房間並不很大，這是第一次有如此奢侈的享受，第二天早上，還可以在庭院中洗臉！在庭院四周，有很多放洗臉盆的架子，臉盆好像是銅做的，不怎麼大，大概有軍人戴的鋼盔那麼大，很淺，但是邊緣很寬，真像一個盤底很深的大盤子。在庭院中間有一個大水池，大家都去那裡用臉盆舀了水放在架子上洗臉。大家都很高興，感覺上已經好久沒有好好洗過臉了！

　　那天，也可能是他們途中停留最久的一次，一直到快中午了，大家才準備離開。當大家都上車後，郁文發現大兒子不見了，這一驚可非同小可，大家立刻下車分頭四處去尋找。

　　原來郁文聽說在一些人多的風景區，有些「拍花子」是專門拐騙孩子的人，聽說他們手心裡不知有甚麼迷藥，只要他用手在小孩子頭上拍一下，那孩子就會迷迷糊糊地跟著他走了。據說那些被拍走的孩子，多半都會被賣了，更過份的會把小孩子殺了，把內臟取出，裝進嗎啡偷運到別處。

　　憂心忡忡的郁文，奔下車到處去找自己的孩子。

　　劍閣的絲綢非常有名，從養蠶，抽絲，和紗到紡織成綢，都是當地住民一手包辦。抽絲、和紗可同時進行，他們把很多蠶繭放在一個個的桶裡，找出絲頭再把若干絲頭放在

一起，拉出來經過兩個木架，從第二個木架拉下來，綁在一個有重量的墜錘上，用兩塊木板搓轉墜錘，把那些極細的絲搓和在一起。每次當他們用木板搓墜錘時，都會發出響亮的「啪」聲音。

在紫筠帶大家投宿的那家旅館附近，就有這麼一個和絲的裝置，原來是那「啪！啪！」的聲音把郁文的大兒子給吸引過去，不是「拍」花子的「啪」！當郁文發現他的時候，他渾然不知大家已經急成一團，郁文找到兒子還來不及責怪他，自己也站在旁邊看了半天，因為這麼稀奇古怪的抽絲、和紗，是她以前沒有看過的！

紫筠一行人，一路驚險不斷，終於，他們平安抵達了四川省的成都市！

當紫筠先安頓隨行的眾人及家眷後，與郁文和幾個孩子去找一個從未謀面的「空氣中的朋友」火腿族龔先生，他的家座落在東桂街。當紫筠他們找到龔家的大門時，已是日落黃昏，天色灰暗。

龔先生家有兩扇寬大的紅漆木門，每扇都有一個叩門的銅環，門口兩邊各有一座石鼓，紫筠知道這家人絕非等閒之輩，以前一定有人曾在朝中做過官，並且是一位外任武官。

紫筠輕輕扣了幾下門環，一位五、六十歲的老先生出來應門，操著四川口音問：

「你們來找啥子人啊？」

紫筠報出姓名說要找龔先生。沒多久，那位龔先生就出來迎接他們了。龔先生看起來比紫筠年輕，個子高高的，給

人一種熱誠親善的感覺。

他們走進庭院，郁文想起了自己娘家的設計：「大型四合院設計應該都差不多，這是第一進的前院，院子兩邊的屋子裡，應該住的是門房和傭人，第二進以後的院子裡才是上房，主人居住的地方。」

果然不錯，這前院和後院之間，是一棟兩層樓高的客房，他們從樓下穿過去，到了另一個院子，比前面的一個寬大，種著紫荊樹、桂樹和各種名貴的花草，中間是一條磚砌的甬路，庭院兩旁是寬寬的穿廊。

上房的燈都亮著，一位拿著旱煙袋的老太太，站在敞開的正廳門內，一派貴夫人的樣子，讓郁文恍惚看見了母親，她好像回到了婚前的娘家，完全忘了現在自己是客人的身份。

郁文很自然地往前搶三步，給那位老太太請了一個四平八穩的格格安。

老太太一定沒想到這滿身灰塵的婦人，原來是一位落魄的格格！但是這個架勢，準沒錯。

老太太趕緊親自用雙手摻起郁文，一邊把郁文讓進堂屋，一邊一連串的吩咐貼身老佣人：

「湯大娘，端茶，卜睿夜，叫老汪燒洗澡水。」

原來這位老太太是龔先生的母親，龔老太太。龔老太太指著堂屋裡的一把椅子，請郁文坐下。

郁文環顧四周，看見每把椅子都像「太師椅」似的那麼高大。想起以前母親的教導，像這樣的椅子，有教養的婦女

要坐上去的時候，絕不可把整個身體完全坐在椅子裡面，會讓人側目。必須只坐在椅子的邊緣，雙腳必須放在地上，在長輩問話時，須立刻起身答覆。如果全身坐進椅面上，兩隻腳離地吊在半空中，為了禮貌必須站起來答話時，就一定得跳下椅子來，那將會有失儀態。

這些小小的動作，若非受過正式宮廷禮儀的薰陶，一般人是絕不會自然而然地表露出來。從郁文的舉止上，龔老太太觀察出她的出身，也確定她一定是出身宮廷名門之後，一位因為戰亂落魄的皇族，因而引起龔老太太無限的憐愛。

老太太已經有幾十年沒見過這樣的禮節了，就連她的兩位媳婦，也沒有一個懂得滿清舊時代的生活禮儀。

從那一刻起，龔老太太就愛郁文如同寵愛自己女兒一般，要紫筠全家從此住在她家。吩咐湯大娘的媳婦湯嫂要在何家工作，燒飯洗衣，照顧孩子洗澡，早上送小朋友上學，中午給他們送午餐到學校，放學時要接他們回家。

因為龔老太太一聲令下，郁文從來沒有這麼輕鬆過。

慢慢的郁文和龔老太太熟稔之後，有一天，龔老太太對郁文說：

「女兒呀！從現在開始，我們不用這些過時的清朝繁文縟節吧！累死我囉！這樣的戲碼，我有幾十年沒演過了！」

郁文也忍不住笑了，說：「那……我就放肆了！」

可惜紫筠全家在龔老太太家只住了不到一年的時間，就奉命撤退乘飛機到海南島去了。

飛機到達海南島上空時，郁文覺得渾身都不舒服。

　　飛機在機場上空盤旋，將要降落時，郁文看到地面的人都穿著短衣褲，甚至還有人赤膊在打籃球。她這才意會到，她是「熱」得不舒服！

　　沒想到海南島的冬天會這麼熱，她趕快叫孩子們脫掉厚重的衣服。下飛機後，他們被大卡車送到三亞海邊附近的一個臨時住所。

　　一下車，大家都迫不及待從行李中找出夏季衣服來更換，郁文跟孩子們說：「今年，咱們有兩個夏天！」

　　在海南島，生活步調都變得浪漫起來。

　　傍晚時分，大家都喜歡到海邊去散步，因為海邊不但非常涼爽，還可欣賞到美麗的落日晚霞。

　　海邊的黃昏實在太迷人了！

　　西邊的海平線上漂著一些猶存的落日餘暉，把半片天空塗滿了瑰麗的色彩；東邊一彎皎潔的明月已經掛在半天空了！那些不知是椰子樹還是檳榔樹的葉子，在月光下閃爍著。三、五成群的歸鳥，不時從空中掠過。

　　紫筠和郁文挽著手徜徉在沙灘上，合聲唱著桑塔露西亞。五個孩子坐在沙灘上高興地玩著沙子，嬉笑聲不斷。他們以前住在內陸，從來沒見過這麼多沙子。孩子們玩得滿頭滿身全是沙，郁文覺得這裡真是天上人間！

　　在海南島的這段日子像渡假般輕鬆愉快，可惜沒多久紫筠又奉命撤退，這次是到台灣！

　　在台南下飛機後，全家乘坐一輛大卡車，一路開往南部佳冬附近的玉光村。

　　沿途看見矮矮的灌木叢上，開著一朵朵紅花。細長的花瓣從四周往上翻，形成一個個小圓球；花蕊下垂，隨著微風在空中搖曳，好像有無數的隱形小精靈，正提著紅色的小燈籠，搖擺著歡迎這些新搬來的小朋友。

　　甜甜地的空氣、暖暖的陽光、清澈見底的灌溉水溝、緩緩而流的水聲，和著不時傳來悅耳的鳥鳴，讓人覺得這真是一個美麗的寶島啊！

　　面對一個完全陌生的環境和從未聽過的語言，這些初來乍到的外地人，如同到了外國一般。因為這些差異，郁文不知道鬧了多少笑話！

　　公家為了方便新到的軍眷，特地在他們居住地區設置了一個小福利社，讓他們可以買到一些簡單的日常用品。有一天，郁文到福利社去逛逛，發現可以買的東西還真不少。

　　這時她聞到一陣陣又香又甜的味道。她低頭看見一個大竹筐，裡面裝滿了一塊塊咖啡色的糕餅，表皮上還灑著一層像米糠似的粉末。

　　她拿起一塊聞了一聞，發現剛才聞到的香甜味道，原來就是從這些糕餅上發出來的。竹筐上的標價，便宜得不敢讓她相信；她立刻買了五、六塊，因為她最喜歡甜食。她迫不及待地掰開一塊，正要往嘴裡送時，忽然聽見老闆娘大聲驚叫：

　　「吃不得！吃不得！那是洗衣服的（米糠丸）啊！」

　　好險！差一點郁文就要把洗衣皂給吃進肚子裡去了。老闆娘解釋說：「米糠丸」是用鹼、皂角、和米糠做的，清潔

力很強，不過，可能會傷皮膚。

　　「天哪！」

　　郁文說：「好險！幸虧因爲我嘴饞，在這裡就要嘗一嘗。如果拿回家才吃，那嘴裡一定會吐出很多泡泡喔！」

　　惹得所有的人都大聲笑起來了！

永春花

十二、永春花開

　　紫筠空軍退休後，應新竹工業研究院邀請去做研究工作，夫妻倆就一同搬入員工宿舍。一個天氣明媚的三月早上，郁文一個人在員工宿舍園區裡散步。鄰居花圃內有幾朵剛綻放的杜鵑花，忽然引發了她鉤杜鵑花的慾望。

　　回到家裡她立刻拿起鉤針和絨線，試著想要鉤鉤看。她先在腦海裡繪出一張藍圖。

　　可是杜鵑花是有花蕊的，跟玫瑰不同，花瓣及組合也完不一樣！這花蕊的樣子……記不起來，她又跑回鄰居家的花圃，要仔細的研究一下。

　　回去又看了半天，她覺得還是摘下來帶回家去仔細研究好了。她可以一邊看一邊鉤，那樣才能鉤得逼真！

　　於是，她摘下那整枝的杜鵑花，一共有三朵。

　　摘下花來後，才省悟到：「唉呀！我這豈不是成了偷花賊了嗎？」於是趕快走去敲鄰居的屋門。

　　敲了半天都沒人應門，郁文擔心剛摘下來的花會枯謝了，應該立刻回家把它插在水瓶裡。既然現在沒人在家，以後再登門告罪吧！就趕緊拿著花回家了。

　　郁文興致濃厚的一邊看著花一邊鉤。

　　時間好像過得特別快，她全然沒注意到天色都已經暗下來了，只是好高興的低著頭不停的鉤。花蕊也做好了，夾在剛完成的花瓣中間，但是覺得好像還少了些甚麼？

對了，花瓣的中心有一些深紅色的小點。

郁文用針線縫上了些紅點。這次像多了！

她正在高興的欣賞時，忽然聽見開門的聲音。抬頭一看，天啊！六點多了！紫筠已經下班了，她還沒有做晚飯呢！她十分歉疚的跑過去，說：

「伙計啊！真抱歉，我只顧著鉤杜鵑花，居然把時間都忘了。」

紫筠笑笑：「還沒做飯，對吧！那好啊，今天我可以大顯身手啦，我來煮菠菜湯麵。」

原來煮菠菜湯麵是紫筠的拿手好戲，雖然他只會煮這麼一樣東西，但還真的很管用呢！有一次老倆口拌嘴，郁文做好了飯，一口也沒吃，也不說話，就走開了。後來紫筠親自下廚，用菠菜和肉絲煮了一碗湯麵，端給郁文吃。那是紫筠生平第一次下廚房，郁文看見了那碗麵，甚麼氣都消了！

第二天，第一朵杜鵑終於完成了。紫筠看了說：

「你看，那枝摘回來的杜鵑花已經不如昨天豔麗了；而你這朵，到明天、後天、甚至到多天，仍然像剛摘下來一樣。伙計啊！你把春天都留住了！」

那個週末，郁文乘坐宿舍的購菜車進城買菜。聽見後座上有人說：「奇怪！我家種的杜鵑剛開了三朵，就不知道被誰摘走了。」

這時，郁文才想起來偷摘花的事，趕忙轉過身去，歉然的說：

「真對不起，是我摘的。」

「因為我想試試看能不能鈎出來，看了半天也沒夠詳盡。當時是想告訴妳的，因為妳不在家。這兩天，我一心在鈎花，竟然把這件事給忘了了。」

鄰居知道郁文手巧，卻沒想到她可以鈎出立體的花，很想看看。於是，郁文邀請她到家裡去。大家看了之後都讚嘆不已並且建議郁文：

「如果能多鈎幾朵，再配上葉子和花枝，擺在花瓶裡一定會很美。」

郁文覺得這個建議非常好。

於是，她後來又鈎了粉紅色跟黃色的杜鵑花。又鈎了不少葉子，用鐵絲做枝心，再用顏色適合的絨線，把花和葉子纏在鐵絲上，做成三束杜鵑花：粉紅色、黃色、和紅色，把他們插在花瓶裡。

為了表示對偷摘花的歉意，郁文鈎了一朵玫瑰胸花送給那位鄰居，算是賠禮！

後來，郁文又鈎了很多不同的花。

紫筠認為那些郁文用心鈎織的花應該命名為「永春花」，因為它們像永遠盛開在春天的花朵。

「永春花」正式誕生了！

十三、以花會友

從1967年第一朵玫瑰花開始，郁文的子女們陸陸續續在台灣、美國辦了十幾場大大小小的展覽會。

1974年郁文應台中圖書館邀請，開班授課，希望將永春花的鉤織方法傳下來，來報名的人數竟超出一間課室所能容納的數量，只好編爲兩班，爲期兩個月，各班每週上課兩次。來參加的學員，有很多是家事和教授美工的老師，也有不少是家庭主婦和青年學生。

郁文花了一番心血編製講義，從玫瑰花開始，陸續加入梅花、石竹、聖誕紅、及康乃馨等五種。上課時，她穿梭在桌椅之間，極有耐心地仔細講授，她非常希望能找到眞正能接班的人。

後來因爲郁文身體負荷不了，教學工作只得暫停。

1987年6月13日永春花第一次在美國舊金山中國城的華僑文教中心展出，有許多家華文報社記者紛紛前來採訪及拍照。特別是一家在舊金山已有七十七年歷史的「少年中國晨報」，寫了一篇專欄報導，引來更多觀眾。特別令人感動的是竟有人開了一個多小時的車程，專程從外埠跑來一睹「永春花」的風采。

更値得一提的是，當代享有盛名的文學家，前台灣師範大學教授謝冰瑩女士不只是來看一次，前後竟來了三次之多！

謝教授說：

「從來沒有一個展覽能讓我連看三次的！」

「永春花是第一個！」

當初展出會場設在華僑文教中心的三樓，沒有電梯，一般人爬樓梯到會場時，都會上氣不接下氣。而當年這位年高八十一歲，腿部動過手術的謝教授，為了喜歡看郁文的手工藝，每次都不畏辛勞，氣喘吁吁一步一步的走上三樓的會場！

謝教授不但自己來了三次，並且每次都邀了朋友一同來欣賞。名詩人舒曼霞女士、名作家繁露女士、名畫家陳雪瑛女士等、及空軍作家張濤先生，都是應謝教授之約而同來的。

在美國展覽期間，有不少文化界名人來參觀。他們駐足在每一盆花前仔細觀賞。諸如：

盛開的蓮花瓣上停著展翅欲飛的蜻蜓，

蓮花葉上的青蛙；盯著枝幹上爬著的小甲蟲；

顏色鮮豔的蟹爪蘭；

嬌柔美麗的石斛；

仙心蕙骨的水仙；

細小的滿天星圍繞著驕傲的玫瑰等等。

有一位抗日英雄兼女作家李芬蘭女士甚至告訴筆者，下次再有展覽時，一定要預先告訴她，她願意來作義務招待！

郁文亦因這次展覽跟謝教授結為筆友。郁文生性慷慨，為了表示非常榮幸與謝冰瑩教授結為筆友，郁文將別人用高

價想購買的紅玫瑰和滿天星送給謝教授，謝教授十分珍惜的把它放在家裡最珍貴的櫃頭——舍利子塔的旁邊！

謝冰瑩教授因為永春花，愛屋及烏在晚年收郁文旅居美國的長女小文（筆者）為乾女兒。

筆者回憶到謝教授家，發現教授也酷愛藝術，在客廳的牆壁上，掛著豐子愷先生贈送的墨筆畫，在臥房裡掛著一幅出自湖南老鄉李淑賢女士，用亂針刺繡手法勾勒出像是一幅素描的年輕女兵謝冰瑩，一身著戎裝，英姿煥發。

謝教授跟幼文說：

「藝術代表一個國家的文化！」

「無論『字、畫、手工藝品』都有它獨特的價值。」

「尤其像你母親鉤的花，實在應該大力傳揚！」

「如果妳也能鉤的話，就好了，可以把這獨特的藝術傳遞下去。」

現在希望透過這本書，讓喜愛鉤織的朋友，可以從這些歷史過程瞭解造就「永春花」的歷史，下一篇則是揭露永春花神祕面紗的鉤織方法。

這些自創的鉤織方法，對於大多數的人像是天書一樣，不太容易瞭解，但是希望有心人能透過時空傳承，將永春花的藝術，再度發揚光大。

第四卷 鉤法公開

一、蝴蝶的針法

　　有一次，何老太太的親人，清明掃墓時看見三名陌生的年輕小姐，正在何老太太夫婦的陵墓上獻花，相問之下才知道，原來她們曾經跟何老太太學過鉤蝴蝶。

　　鉤蝴蝶的針法，無非是一些：長針、短針、扣針、加針、減針等等，亦可在鉤好的翅膀上，另用針線稍加點綴修飾，會更加生動美麗。

　　鉤針最好用較細的12號鉤針，使用和12鉤針針頭大小差不多的細毛線，有光澤的日本線，或任何細線均可。

　　我們相信何老太太在天之靈，一定願意把這些蝴蝶鉤織圖解公諸於世，願一年四季都能有美麗的蝴蝶飛舞在人間！

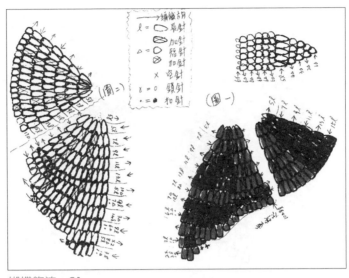

蝴蝶鉤法—01

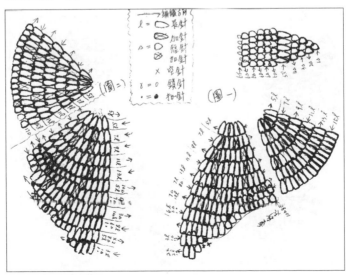

蝴蝶鉤法—02

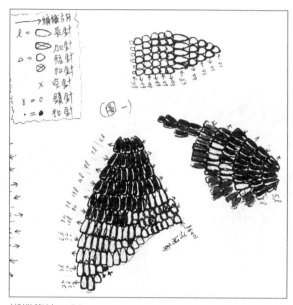

蝴蝶鉤法—03

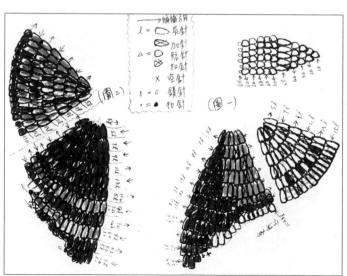

蝴蝶鉤法—04

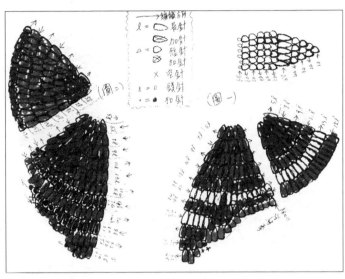

蝴蝶鉤法一05

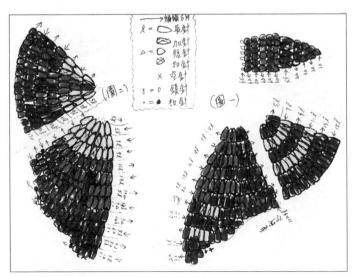

蝴蝶鉤法一06

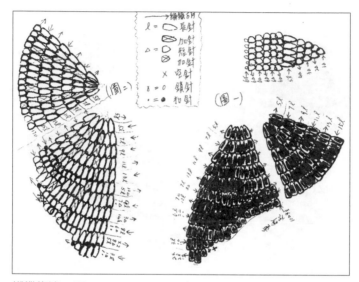

蝴蝶鉤法─07

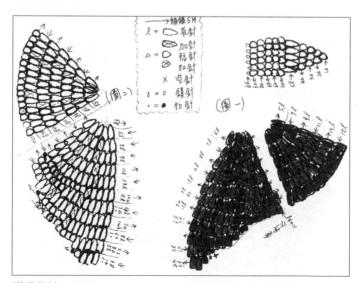

蝴蝶鉤法─08

二、永春花鉤法説明

玫瑰花是一切永春花鉤織方法的基礎。

學會玫瑰花的鉤法，日後自行變化，運用存乎一心。

> 永傳永存永春花；
> 春臨春曉春無邊。
> 花香花語花滿地；
> 傳承傳心傳有緣。

編者按：以下鉤法與針法是從郁文遺留下來的手稿筆記轉錄出來，由於手稿在生前並未經過有系統的整理，難免會有疏漏之處，請各位讀者自行揣摩參考。

以下所列的符號，是郁文在自己的筆記本內的紀錄資料，請有心讀者詳細研究，符號與一些教鉤織手作的書籍不盡相同，但是為了尊重創作者，因此以下全部都是用郁文的自創符號說明鉤織的步驟。

至於何謂「長針」、「鎖針」、「扣針」與「短針」編者假設讀者有基礎的鉤織技巧，不予贅述，請見諒。

符號說明

σ　：鎖針。

十　：加針。

●　：扣針（即直接鉤出）。

△　：短針。

空　：跳過不鉤，亦即「減針」。

若無任何符號則爲長針。

鉤織符號舉例

1σ，空 1,2 △ ,7, 1 ＋ 3	→ 一個鎖針，跳過一針不鉤，二短針，七長針。 → 一長針，在同一洞孔內加3針。

鐵絲上法

由右向左鉤回來。短針，最後一針從兩針當中鉤出，鉤在一根上。

三、玫瑰的鉤法

玫瑰花瓣共由四種號碼（壹、貳、參、肆號花瓣）組合而成

		共三片花瓣（橘色）用 32 號鐵絲將花瓣串起來。 共八排鉤織法：
壹 號	第一排	→ 14 △ , 1σ , 上鐵絲
	第二排	→ 2 △ , 11 , 1 ●
	第三排	→ 1σ , 空 1 , 1 ● , 2 △ , 8 , 2 △
	第四排	→ 2σ , 8 , 1 △ , 1
	第五排	→ 1σ , 空 1 , 1 ● , 1 △ , 3 , 1 △ , 1 ●
	第六排	→ 2σ , 1 ＋ 3 , 5 , 2 △ , 1 ●
	第七排	→ 1σ , 空 1 , 1 ● , 2 △ , 8
	第八排	→ 1σ , 空 1 , 6 △ , 5 , 1 △ , 1 ●

貳號	2.1. 共四片花瓣（黃色）用 32 號鐵絲將花瓣串起來。 2.2. 共八排鉤織法：	
	第一排	→ 18 △，上鐵絲
	第二排	→ 1σ，2 △，14，1 △，1 ●
	第三排	→ 1σ，空 1，14，3 △
	第四排	→ 2σ，10，1 △，1 ●
	第五排	→ 1σ，空 1，2 △，4，1 △，1 ●
	第六排	→ 2σ，1+2，9，1 ●
	第七排	→ 1σ，空 1，2 △，10
	第八排	→ 1σ，空 1，15，1 △，1 ●

參號	3.1. 共五片花瓣（淡黃色）用 32 號鐵絲將花瓣串起來。 3.2. 共十排鉤織法：	
	第一排	→ 22 △，上鐵絲
	第二排	→ 1σ，3 △，17，1 △，1 ●
	第三排	→ 1σ，空 1，1 △，20
	第四排	→ 2σ，1+1，12，1 △，1 ●
	第五排	→ 2σ，空 2，11，3 △
	第六排	→ 2σ，空 2，3 △，10，1 ●
	第七排	→ 2σ，空 2，2 △，7，1 ●
	第八排	→ 2σ，1+3，13，2 △，1 ●
	第九排	→ 2σ，空 2，3 △，15
	第十排	→ 2σ，空 2，16，2 △，1 ●

肆號	4.1. 共五片花瓣（淡黃色）用 32 號鐵絲將花瓣串起來。 4.2. 共十一排鉤織法：	
	第一排	→ 26 △，上鐵絲
	第二排	→ 2σ, 24 , 1 △ , 1 ●
	第三排	→ 1σ, 空 1, 1 △ , 24 + 2
	第四排	→ 2σ, 18 , 1 △ , 1 ●
	第五排	→ 2σ, 空 2, 2 △ , 15 + 1
	第六排	→ 1σ, 空 1, 1 , 空 1, 17 , 1 ●
	第七排	→ 2σ, 空 2, 1 ● , 11 , 1 △ , 1 ●
	第八排	→ 2σ, 1 + 3, 17 , 1 △ , 1 ●
	第九排	→ 2σ, 空 2, 1 △ , 20 + 1
	第十排	→ 2σ, 空 2, 16 , 4 △ , 1 ●
	第十一排	→ 2σ, 空 2, 1 △ , 16 , 1 ●

玫瑰花葉	
用 28 號鐵絲	
第一排	→ 22 △ , 1σ, 上鐵絲
第二排	→ 22 △
第三排	→ 1σ, 空 2, 2 △ , 15 , 3 △ , 1σ
第四排	→ 4 △ , 15 , 3 △ , 1 ●

玫瑰花萼	
28 號鐵絲，共有五片小葉，葉尾相連。	
第一片小葉	
第一排	→ 23 △，1σ，上鐵絲
第二排	→ 5 △，18 續鐵絲尾部連起來
第二片小葉	
第三排	→ 6 △，再將鐵絲分開，17 △，1σ
第四排	→ 5 △，18
以下均照三、四排上鐵絲針數亦同	
第三片小葉	
第五排	→ 6 △，17 △，1σ
第六排	→ 5 △，18
第四片小葉	
第七排	→ 6 △，17 △，1σ
第八排	→ 5 △，18
第五片小葉	
第九排	→ 6 △，17 △，1σ
第十排	→ 5 △，18

四、石斛的鉤法

壹號	1.1. 用 32 號鐵絲將花瓣串起來。 1.2. 淡粉色　共五排鉤織法：	
	第一排	→ 7 △，1σ，上鐵絲
	第二排	→ 7 △
	第三排	→ 1σ，空 1，1 △，4，2 △，1σ
	第四排	→ 2 △，4，1 △，1●
	第五排	→ 1σ，空 1，7△＋1△，（每一△加一鎖針）在鎖針上鉤 1 △，（再在前面針洞孔內加），1△，7△，空 1，1●

貳號	2.1. 用 32 號鐵絲將花瓣串起來。 2.2. 共四排鉤織法：	
	第一排	→ 11 △ 1σ，上鐵絲
	第二排	→ 11 △
	第三排	→ 1σ，空 2，3 △，5，2 △，1σ
	第四排	→ 3 △，5，3 △，1●

參號	3.1. 用 32 號鐵絲將花瓣串起來。 3.2. 共二排鉤織法：	
	第一排	→ 11 △，1σ，上鐵絲
	第二排	→ 2 △，5，3 △，1 ●

花唇	4.1. 用 32 號鐵絲將花瓣串起來。 4.2. 共五排鉤織法：	
	第一排	→ 黃色 5 △，1σ，上鐵絲
	第二排	→ 5 △
	第三排	→ 4 △
	第四排	→ 4 △
	第五排	→ 4 △

花蕊	5.1. 玫瑰紅線用 △，每一 △ 加三鎖針。在黃色上面鉤，每一 △ 加一 △，共十四個 △。 5.2. 蕊綠色，用雙線，用 28 號鐵絲	
	第一排	→ 30 △，1σ
	第二排	→ 30 △
	第三排	→ 1σ，空 2，4 △，22，3 △，1σ
	第四排	→ 3 △，22，3 △，1 ●

五、牡丹的鉤法

	一	→ 14 △ ，上線
	二	→ 3σ,1 ＋ 3,11 ,1 △ ,1 ●
壹	三	→ 2σ, 空 2,2 △ ,10,1 ＋ 1,1 ＋ 1,1 ＋ 1
	四	→ 3σ, 空 1,11,1 ●
	五	→ 2σ, 空 2,8 △ ,1 ●
	六	→ 3σ, 空 1,12, 1 △ ,1 ●

	一	→ 17 △
	二	→ 3σ,1 ＋ 3,12 ,3 △ ,1 ●
貳	三	→ 2σ, 空 2,4 △ ,12 ＋ 1,1 ＋ 1,1 ＋ 1
、	四	→ 3σ, 空 1,10,1 △ ,1 ●
第	五	→ 2σ, 空 2,3 △ ,6
一	六	→ 3σ, 空 1,13,1 ●
片	七	→ 2σ, 空 2,10 △ ,10
	八	→ 3σ, 空 1,14,1 △ ,1 ●

參、第二片	一	→ 20 △
	二	→ 3σ,1 + 3,15 ,3 △ ,1 ●
	三	→ 2σ, 空 2,5 △ ,14 + 1,1 + 1,1 + 1
	四	→ 3σ, 空 1,12,1 △ ,1 ●
	五	→ 2σ, 空 2,3 △ ,8
	六	→ 3σ, 空 1,14,1 ●
	七	→ 2σ, 空 2,3 △ ,10
	八	→ 3σ, 空 1,11,1,1 ●
	九	→ 2σ, 空 2,3 △ ,11,1 ●

肆、第三片	一	→ 25 △
	二	→ 3σ,1 + 3,18 ,3 △ ,1 ●
	三	→ 2σ, 空 2,4 △ ,17,1 + 1,1 + 1,1 + 1
	四	→ 3σ,17,1 △ ,1 ●
	五	→ 2σ, 空 2,4 △ ,13
	六	→ 3σ, 空 1,22,1 △ ,1 ●
	七	→ 2σ, 空 2,6 △ ,15
	八	→ 3σ, 空 1,17,1 ●
	九	→ 2σ, 空 2,15 △
	十	→ 3σ, 空 1,18,1 ●
（以上每排長針一律再加兩針）		

伍、第四片	一	→ 30 △
	二	→ 3σ,1+3,26 ,8 △
	三	→ 2σ, 空 2,7 △ ,20,1＋1,1＋1,1＋1
	四	→ 3σ,23,1 ●
	五	→ 2σ, 空 2,6 △ ,15
	六	→ 3σ, 空 1,26,1 ●
	七	→ 2σ, 空 2,7 △ ,17
	八	→ 3σ, 空 1,16,1 ●
	九	→ 2σ, 空 2,5 △ ,8
	十	→ 3σ, 空 2,21,2 △ ,1 ●
	十一	→ 8σ, 空 2,2 △ ,17
	十二	→ 空 2,1 ●

陸、第五片	一	→ 35 △
	二	→ 3σ,1+3,31 ,3 △
	三	→ 2σ, 空 2,8 △ ,25,1+1,1+1,1+1
	四	→ 3σ,25,1 ●
	五	→ 2σ, 空 2,7,16
	六	→ 3σ, 空 1,30,1 ●
	七	→ 2σ, 空 2,8 △ ,19
	八	→ 3σ, 空 1,21,1 ●
	九	→ 2σ, 空 2,7 △ ,11
	十	→ 3σ, 空 2,23,1 ●
	十一	→ 2σ, 空 2,4 △ ,16
	十二	→ 3σ, 空 1,1 △ ,1 ●

六、聖誕紅的鈎法

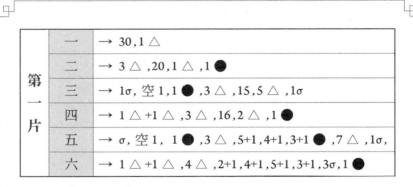

第一片	一	→ 30,1 △
	二	→ 3 △ ,20,1 △ ,1 ●
	三	→ 1σ, 空 1,1 ● ,3 △ ,15,5 △ ,1σ
	四	→ 1 △ +1 △ ,3 △ ,16,2 △ ,1 ●
	五	→ σ, 空 1, 1 ● ,3 △ ,5+1,4+1,3+1 ● ,7 △ ,1σ,
	六	→ 1 △ +1 △ ,4 △ ,2+1,4+1,5+1,3+1,3σ,1 ●

第二片	一	→ 34 △
	二	→ 4 △ ,23,1 △ ,1 ●
	三	→ 1σ, 空 1, 1 ● ,4 △ ,18, 6 △ ,6σ,1σ
	四	→ 1 △ +1 △ ,5 △ ,20,1 △ ,1 ●
	五	→ 1σ, 空 1, 1 ● ,4 △ ,5+1,4+1,4+1,5,6 △ ,1σ
	六	→ 1 △ +1 △ ,3 △ ,5+1,5+1,12,2 △ ,1 ●

以上二到六步驟共兩片

第三片	一	→ 36 △
	二	→ 4 △ ,25,1 △ ,1 ●
	三	→ 1σ, 空 1, 1 ● ,4 △ ,20,5 △
	四	→ 1 △ +1 △ ,5 △ ,22,3 △ ,2 ●
	五	→ 1σ, 空 1, 1,4 △ ,5+1,4+1,5+1,4,6 △ ,1σ,
	六	→ 1 △ +1 △ ,3 △ ,5+1,5+1,12,1 △ ,1 ●
	七	→ 1σ, 空 1,3,3+1,5+1,8+1,4,1 △ ,1 ●
以上四到六步驟共兩片		

第五卷 展覽紀錄

永春花大事紀

1983年永春花研習班學
員致贈給郁文的紀念

1983年台中圖書館館
長致贈展覽紀念

Mybook（41）

永春花

建議售價‧350元

作　　者‧張何幼文、張志賢
校　　對‧張志賢
攝　　影‧何正柔
封面提字‧黎雄
封面設計‧宋美錦
編輯主任‧徐錦淳
專案主編‧蔡谷英
文字編輯‧黃麗穎
編輯助理‧劉承薇
美術設計‧張禮南、何佳誼
出版經紀人‧張輝潭
企劃部副理‧楊宜蓁
營運部副理‧王景康
營運部主任‧楊媛婷
倉儲管理‧焦正偉
出版發行‧白象文化事業有限公司
　　　　　402台中市南區福新街96號
　　　　　電話：（04）2265-2939　傳真：（04）2265-1171
　　　　　購書專線：（04）2260-9961
印　　刷‧基盛印刷工場
版　　次‧2011年（民100）三月初版一刷

國 家 圖 書 館 出 版 品 預 行 編 目 資 料

永春花／張何幼文、張志賢著. 一初版. 一
臺中市：白象文化，民100.03
　　面：　公分. ——（Mybook；41）
ISBN 978-986-6111-05-1（平裝）
1.何連郁文　2.手工藝　3.臺灣傳記
783.3886　　　　　　　　　100000492

設計編印

 印書小舖

網　　址：www.PressStore.com.tw
電　　郵：press.store@msa.hinet.net